GUITARRA**RITMICA**DEL
HEAVY**METAL**

La guía esencial para la guitarra del Heavy Metal

ROB**THORPE**

FUNDAMENTAL**CHANGES**

Guitarra Rítmica del Heavy Metal

La guía esencial para la guitarra del Heavy Metal

Published by **www.fundamental-changes.com**

ISBN 978-1-78933-011-3

www.fundamental-changes.com

Contenido

Prefacio

Este libro es una guía completa para guitarristas que desean dominar las técnicas y conceptos esenciales del metal. Incluye una gran cantidad de material comprensible pero desafiante para guitarristas de nivel principiante a intermedio.

Guitarra rítmica en el Heavy Metal examina la interpretación de la guitarra desde los inicios del metal a mediados de los 60s, en bandas como Led Zeppelin y Deep Purple, y las bandas de la New Wave of British Heavy Metal de finales de los 70s y principios de los 80s como Judas Priest, Saxon y Iron Maiden. Estudiaremos el thrash metal de bandas como Metallica y Slayer, y también a bandas como Death, Pantera y Meshuggah quienes desarrollaron el estilo y ampliaron las posibilidades técnicas.

¿De dónde vino el metal? ¿Cuál fue la primera banda real de heavy metal?

Tanto aficionados como musicólogos han propuesto respuestas a estas dos preguntas, pero en mi opinión, el heavy metal nació en Birmingham, Inglaterra en 1969 con las campanas, truenos y el riff de guitarra aplastante que abrían el primer álbum de Black Sabbath.

El guitarrista de Black Sabbath, Tony Iommi, trabajó en las fábricas de acero de la industrial Birmingham, y los sonidos de la maquinaria muy probablemente influyeron en los ominosos y oscuros ritmos de la música de Black Sabbath. El bajista de Black Sabbath, Geezer Butler, escribió muchas de las letras de la banda. Su interés en la religión, la fantasía, el ocultismo y el terror combinaron el tema lírico con la música de sonido industrial.

En ese momento, muchas bandas se habían estado moviendo en una dirección cada vez más pesada, pero hasta ahora, el sonido había permanecido arraigado en el blues-rock. Black Sabbath introdujo muchos de los ingredientes que ahora consideramos características esenciales del "heavy metal" y, por primera vez, el blues quedó relegado a un segundo plano.

La siguiente generación de músicos de rock tomó la influencia de Sabbath, Zeppelin, Mountain y otras bandas de hard rock, destilando el tono más pesado y el tema lírico más oscuro y causando que se apartara cada vez más de las tendencias de la música rock y pop.

Mientras el rock progresivo exploró formas de canciones inusuales e influencias clásicas, las bandas de la New Wave of British Heavy Metal (NWOBHM) como Judas Priest, Saxon y Iron Maiden crearon canciones dramáticas que equilibraban una poderosa música instrumental con el poder vocal operístico de cantantes como Bruce Dickinson.

Mientras tanto, los músicos en San Francisco, California habían sido influenciados tanto por las bandas de la NWOBHM como por el desarrollo más rápido y más abrasivo del punk rock conocido como 'hardcore'. El punk hardcore estalló en el sur de California y en todo Estados Unidos a finales de los 70s, liderado por bandas como Black Flag. Estos músicos desarrollaron el thrash metal. Las figuras clave fueron Dave Mustaine, James Hetfield, Jeff Hanneman y Scott Ian, quienes tocaron en varias bandas notables antes de formar Metallica, Slayer y Anthrax.

El thrash metal también adoptó la ética de "hazlo tu mismo" de las discográficas indie que caracterizaron al punk hardcore.

Para cuando estas bandas de thrash metal llegaron a grabar sus discos más destacados, como *Master of Puppets* (Metallica, 1986) y *Rust in Peace* (Megadeth, 1990), su sonido se había vuelto extremadamente pulido y la complejidad de las composiciones se había desarrollado enormemente comparado con sus inicios influenciados por el punk.

Cuando el thrash metal fue adoptado y desarrollado por una nueva generación, nació el "death metal", con importantes escenas de death metal presentes tanto en Florida como en Escandinavia. Todos los ingredientes del thrash metal (canto gutural, rápidos tambores de doble bombo y riffs de guitarra complejos y técnicos) fueron exagerados en la música death metal. De manera similar, el tema sombrío y lírico se desarrolló en representaciones cada vez más vívidas de imágenes gráficas y satánicas.

Al mismo tiempo, otras bandas estaban tomando la música rock en una nueva dirección. En lugar de explorar música cada vez más agresiva, se basaron en los elementos melódicos y teatrales de bandas como Iron Maiden. El power metal se formó a mediados de los 80s con bandas europeas como Helloween, Blind Guardian y Stratovarius y se caracterizó por un sonido más sinfónico que utilizaba teclados, armonías vocales, elementos orquestales y melodías populares para crear texturas ricas. La letra con frecuencia se inspiraba en mitos paganos o escritores de fantasía como J.R.R Tolkien y H.P. Lovecraft.

Las armonías optimistas y los ganchos melódicos del power metal se combinaron con la complejidad y la influencia teatral de las bandas progresivas como Yes y Rush para formar el metal progresivo. Este subgénero elevó el nivel de virtuosismo e incluyó secciones instrumentales técnicamente exigentes, ejecución vocal exigente y estructuras de canciones complejas. Los pioneros incluyeron a Fates Warning y Queensrÿche, seguidos por Dream Theater y Symphony X.

Sin importar con cuál subgénero del metal te sientas más identificado, el siguiente viaje a través del desarrollo de la guitarra del metal te ayudará a comprender la música y a tocarla auténticamente. Comprender cómo evolucionó el estilo te ayudará a convertirte en un músico bien informado y completo.

Este libro cubre los conceptos clave y las técnicas comunes a todos los estilos del metal y se pueden aplicar de cualquier forma que quieras. Hay una progresión lógica desde el "hard rock" clásico hasta las ideas técnicamente más exigentes del metal moderno. En el camino, cubriremos toda la teoría musical relevante, incluyendo escalas, ritmo y armonía, y cómo aplicar estos componentes a la guitarra.

Al final del libro, habrás desarrollado una técnica de guitarra fuerte y una comprensión de la mecánica de la guitarra del metal, lo que te permitirá escribir tus propias canciones.

Diviértete con estas ideas pero, sobre todo, experimenta y sé creativo con la información. Al hacerlo de esta manera le sacarás el máximo provecho a este libro y te ayudará a crecer rápidamente como músico.

¡Buena suerte y diviértete!

Rob Thorpe

Obtén el audio

Los archivos de audio de este libro se pueden descargar de forma gratuita en **www.fundamental-changes.com**. El enlace se encuentra en la esquina superior derecha. Sólo tienes que seleccionar el título de este libro en el menú desplegable y seguir las instrucciones para obtener el audio.

Recomendamos que primero descargues los archivos directamente a tu computador, no a tu tableta, y extraerlos allí antes de añadirlos a tu biblioteca multimedia. Luego, ya puedes ponerlos en tu tableta, iPod o grabarlos en un CD. En la página de descarga hay un archivo de ayuda en PDF y también ofrecemos soporte técnico a través del formulario en la página de descargas.

Kindle / eReaders

Para sacarle el mayor provecho a este libro, recuerda que puedes pulsar dos veces sobre cualquier imagen para verla más grande. Apaga la "visualización en columnas" y mantén tu Kindle en modo horizontal.

Para obtener más de 250 lecciones de guitarra gratis con videos visita:

www.fundamental-changes.com

Twitter: **@guitar_joseph**

FaceBook: **FundamentalChangesInGuitar**

Instagram: **FundamentalChanges**

Introducción: Ritmo y notación

Antes de comenzar, será útil aprender a tocar y escribir ritmos con notación musical. Esto te ayudará a anotar la música que escribas o transcribas, y también a practicar de manera eficiente.

Valores de las notas y tiempo simple

La notación musical combina información sobre el tono y la duración de una nota. La tablatura de guitarra a menudo pierde los ritmos por completo, lo que puede dificultar la comprensión de la música. La lectura de la notación rítmica te ayudará a entender cómo tocar la música sin tener que escucharla primero.

La música occidental se divide en *compases*, que muestran cómo se organiza la música. Los compases luego se dividen en *tiempos* individuales. En la mayoría de la música rock hay cuatro pulsos o tiempos en cada compás, y esto se indica mediante una *signatura de tiempo* al comienzo de la partitura.

La Figura 1 muestra dos compases en tiempo de **4/4**. Cada compás contiene cuatro tiempos de negra. Los números debajo del *pentagrama* ilustran cómo contar a través de los compases. Puede parecer básico, pero contar en voz alta cuando toques te ayudará mucho más adelante cuando toques ritmos más complejos.

Fig. 1:

Algunas notas duran más de un tiempo. La Figura 2 muestra *redondas* (cuatro tiempos) y *blancas* (dos tiempos).

Fig. 2:

La notación rítmica es muy lógica porque cada valor de nota se parte en divisiones simples de compases y tiempos. Una signatura de tiempo con un '4' en la parte inferior (como 4/4) significa que cada tiempo siempre se dividirá en múltiplos de dos. El siguiente ejemplo muestra cómo cada tiempo de negra se puede dividir en corcheas (dos notas por tiempo) y semicorcheas (cuatro notas por tiempo).

Mira el conteo debajo de cada pentagrama. El pulso básico 1, 2, 3, 4 debe permanecer a la misma velocidad (tempo) mientras que los valores de nota más cortos se comprimen uniformemente en cada pulso. Cada vez que *subdividimos* una nota, agregamos otro *corchete* a la plica o cuerpo de la nota.

Fig. 3:

Notas con puntillo

Las *notas con puntillo* también se pueden usar. Agregar un puntillo al lado de la cabeza de la nota extiende su longitud por la mitad de su valor original. Una blanca con puntillo en el siguiente ejemplo dura tres tiempos (1/2 + 1/4). Este mismo concepto se aplica a cualquier valor de nota.

En el segundo compás, las negras con puntillo duran tres corcheas cada una. (1/4 + 1/8)

Fig. 4:

Silencios

Además de definir la duración de cada nota que se toca, necesitamos una forma de escribir el espacio entre las notas cuando necesitamos silencio. Este es el trabajo de los *silencios* y cada nota tiene un valor de silencio equivalente.

Los símbolos para los silencios se muestran en la figura 5.

Fig. 5:

Estudia las siguientes figuras para ver combinaciones de valores de notas que es probable que ocurran en situaciones musicales reales.

Aplaude, o rasguea un acorde apagado para tocar los siguientes ritmos. También están incluidos como ejemplos de audio para que puedas escucharlos en contexto.

Fig. 6a:

Fig. 6b:

Tresillos y tiempo compuesto

Un tresillo consiste simplemente en tocar tres notas uniformemente en un solo tiempo de negra.

El siguiente ejemplo muestra un compás de 4/4 con tresillos en los tiempos dos, tres y cuatro. Observa cómo se cuentan.

Fig. 7a:

Los tresillos tienen una sensación que probablemente te sea familiar. Puedes escucharlos en *Phantom of the opera* de Iron Maiden y *Black Sabbath* de Black Sabbath (4:35 en adelante).

Si se utilizan tresillos como la base en una pieza musical, se puede utilizar una signatura de tiempo diferente para simplificar la notación. *12/8* es un ejemplo de *tiempo compuesto* y significa que todavía hay cuatro tiempos en cada compás, pero ahora cada tiempo tiene tres divisiones en lugar de dos.

La figura 7b sonaría igual que un compás de tresillos en 4/4, pero ahora los tiempos se dividen naturalmente en grupos de tres. Para dar cuenta de esto, cada tiempo es en realidad una negra con puntillo como lo muestra la marca del metrónomo.

Fig. 7b:

Puede haber confusión sobre la diferencia entre las signaturas de tiempo de *3/4* y *6/8*, ya que ambas contienen un total de seis corcheas. La diferencia importante es que cada tiempo se divide de manera diferente.

En la figura 8a, hay tres tiempos uniformes y cada uno se divide en dos corcheas.

En la figura 8b, la signatura de tiempo de *6/8* se divide en dos tiempos con cada tiempo subdividido en tres corcheas.

Fig. 8a:

Fig. 8b:

En pocas palabras, 3/4 tiene tres pulsos fuertes que se dividen en dos, mientras que 6/8 tiene dos pulsos fuertes que se dividen en tres.

Esta introducción abarca los fundamentos de la lectura de la notación rítmica. Cubriremos otros aspectos de la notación a medida que avancemos, pero esta sección forma la base de todo lo que sigue.

No te preocupes si esto es nuevo para ti, cada ejemplo de este libro se puede escuchar en los ejemplos de audio. Puedes descargarlos en **http://www.fundamental-changes.com/download-audio.**

Capítulo 1: Las raíces del metal

Comenzaremos explorando los primeros estilos del hard rock y el heavy metal que estaban influenciados por el blues. El vocabulario encontrado en la música de bandas como Deep Purple, Led Zeppelin, Cream, Black Sabbath y The Jimi Hendrix Experience estableció el modelo para el heavy metal.

Estas bandas tenían al Rock 'n' Roll como inspiración, pero su espíritu aventurero de los 60s y su experimentalismo psicodélico se basaron en las influencias folk, clásica y jazz en su búsqueda de un nuevo sonido.

Los primeros ejemplos musicales muestran cómo se usa la escala menor pentatónica en los riffs de rock. La escala menor pentatónica de cinco notas es la base de la mayoría de las melodías de blues, por lo que es un sonido esencial, sin importar cuáles sean tus gustos musicales.

Primero, tenemos un riff basado en la escala de E menor pentatónica, que es similar a las ideas utilizadas por Jimmy Page y Richie Blackmore.

Ejemplo 1a:

Todos los riffs de este libro cobran vida por la forma en que se tocan, así que asegúrate de tocarlos con mucha actitud.

Intenta agregar notas de gracia, deslizamientos y vibrato sutiles a los ejemplos de este libro tal como lo hago en el ejemplo de audio. Son estos pequeños detalles los que pueden dar a las frases musicales simples mucho carácter.

En el siguiente ejemplo, la signatura de tiempo de 12/8 significa que cada tiempo se divide en tres notas iguales, una sensación heredada de los orígenes del blues. Escucha el audio y oirás el groove característico '1&a 2&a'.

Ejemplo 1b:

El siguiente riff muestra una técnica llamada *anticipación*, que es una forma de *síncopa* (tocar entre tiempos). Al adelantarse al tiempo, se le da mayor energía e ímpetu al riff.

Compara el siguiente ejemplo con los dos anteriores e intenta observar por qué suena diferente. Compara la música de Black Sabbath y AC/DC y verás que AC/DC usa mucha anticipación, mientras que los ritmos de Sabbath generalmente caen en el tiempo.

Ejemplo 1c:

Para tocar riffs sincopados con precisión, mantén tu mano que puntea moviéndose con un rasgueo abajo-arriba continuo, incluso cuando no estés tocando las notas. Hacer esto te ayuda a mantenerte sincronizado con el pulso de la música.

Piensa en tu mano que puntea como un mini director de orquesta que marca el tiempo para ti, o como la aguja en un tocadiscos, de modo que el sonido solo se produce cuando la púa está en contacto con las cuerdas.

En el siguiente ejemplo, las dobles cuerdas se utilizan para crear un sonido más grueso. Para obtener una sensación de blues y ayudar a lograr un buen vibrato, usa el primer o el tercer dedo aplanado sobre el diapasón para tocar cada doble cuerda.

Muchos riffs clásicos de bandas como Deep Purple y Led Zeppelin usan dobles cuerdas (como el omnipresente *Smoke on the Water)*.

Ejemplo 1d:

El siguiente ejemplo te enseña a tocar un riff Em bajo y dinámico. Esta idea podría venir fácilmente de Black Sabbath o de las posteriores bandas de metal 'stoner' como Kyuss y muestra la influencia duradera del metal primitivo.

La distancia musical desde la fundamental de una escala al b5 (por ejemplo E a Bb) se llama *tritono*. Cuando se toca de forma aislada, un tritono tiene un carácter muy oscuro y disonante y puede crear un sonido siniestro o "malvado".

Para escuchar un intervalo de tritono aislado, escucha la introducción de *Purple Haze* de Jimi Hendrix o *Black Sabbath* de Black Sabbath.

Examinaremos más de cerca cómo usar el tritono de manera efectiva al escribir riffs más adelante.

Ejemplo 1e:

Creando riffs con escalas pentatónicas

Las siguientes ideas revisan otras formas de escalas pentatónicas que pueden usarse para crear nuevos riffs e ideas.

Es posible que ya estés familiarizado con las formas de "cajas" pentatónicas que los guitarristas suelen usar. Estas escalas son muy efectivas para desarrollar el vocabulario de la guitarra solista, pero también se pueden usar de una manera diferente para crear riffs de guitarra de metal.

Los riffs de guitarra de metal usualmente se tocan en las cuerdas más bajas de la guitarra, así que por el momento nos enfocaremos allí y aprenderemos a tocar a lo largo de estas cuerdas.

El siguiente ejemplo muestra la escala E menor pentatónica tocada en la cuerda E baja. Si aprendes a reconocer la forma y la secuencia de estos *intervalos*, será beneficioso tanto para tu interpretación como para el conocimiento del diapasón.

Ejemplo 1f:

El ejemplo 1g muestra cómo se puede usar este enfoque de cuerda única de una manera musical. Observa cómo los deslizamientos sutiles ayudan a suavizar los cambios de posición y a hacer que el riff suene más musical. Todo el riff se puede tocar solo con el índice y el anular.

Ejemplo 1g:

Mantenernos solo en la cuerda baja de E nos ayuda a mantener el tono grueso y constante que a menudo es importante para la guitarra rítmica del metal.

Se pueden crear muchas ideas diferentes mediante el reordenamiento de las notas y el uso de frases diferentes.

Ahora que sabemos cómo suena E menor pentatónica en la cuerda inferior, podemos extender la escala a través de las tres cuerdas inferiores. Observa que cada fragmento contiene las mismas cinco notas comenzando desde un punto diferente cada vez.

Ejemplo 1h:

♩=120

La fluidez en los patrones horizontales y verticales te permite navegar por todo el diapasón mientras te mantienes dentro de la escala de E menor pentatónica.

Combinemos los dos ejercicios anteriores y ascendamos desde la cuerda E abierta hasta el 14vo traste.

Ejemplo 1i:

♩=110

Intenta explorar estas diferentes formas pentatónicas ideando tus propios riffs y tocándolos tal como están escritos. Un enfoque interesante para construir riffs clásicos y con groove es comenzar a rasguear un ritmo con notas silenciadas y, a medida que lo repites una y otra vez, introducir gradualmente notas pentatónicas en el groove hasta que tengas un loop que se sienta bien y equilibre el interés rítmico y melódico.

Las raíces clásicas del metal moderno

Puedes escuchar una fuerte influencia del blues y el hard rock en el enfoque de Tom Morello en la escritura de riffs con Audio Slave. Dimebag Darrell también usó la composición basada en la pentatónica en Pantera. Este 'fanfarroneo' de blues, combinado con el tono moderno de la guitarra y la ejecución virtuosa fueron la razón por la que Pantera tuvo un impacto tan grande en el metal a principios de los 90s.

En el siguiente riff, el movimiento por el diapasón en el compás uno puede ser complicado, sin embargo, la mayoría de las notas se pueden tocar con el índice y el anular mientras se agrega el meñique al Bb en el compás uno y el dedo medio al Bb en el compás dos.

Ejemplo 1j:

El ejemplo 1k establece otro riff lineal en A menor que cambia las ideas anteriores a una cuerda superior y usa otras ideas que hemos tocado, como el b5, los slides y las dobles cuerdas. Ten cuidado con los slides y presta atención a las digitaciones recomendadas en los compases tres y cuatro. Este riff funciona en la tonalidad de D moviéndolo una cuerda hacia arriba. **Ejemplo 1k:**

Los siguientes ejemplos desde el hard rock de principios de los 70s hasta el metal moderno usan riffs basados en pentatónicas:

Led Zeppelin – *Heartbreaker*

Black Sabbath – *Iron Man*

Metallica – *Seek & Destroy*

Pantera – *I'm Broken*

Audioslave – *Cochise*

Capítulo 2: Mover Power Chords

Los *power chords* son acordes que constan de dos notas: la fundamental y la quinta. Estas dos notas suenan extremadamente estables juntas, por lo que un power chord suena como una versión más densa y reforzada de la nota de fundamental.

Esta *consonancia* (estabilidad musical) hace que los power chords funcionen bien con la distorsión y ayudan a evitar la "confusión" que puede ocurrir cuando se tocan acordes mayores o menores completos con distorsión.

Los power chords son normalmente una de las primeras cosas que los guitarristas modernos aprenden, y hay miles de canciones de rock que se pueden tocar usando solo power chords. Además de usarse para delinear progresiones de acordes, los power chords se usan para engrosar los riffs de una sola nota.

Tocar riffs con power chords requiere más coordinación que simplemente mantener un acorde por todo el compás. Este capítulo discutirá algunos ejercicios y riffs que te ayudarán a desarrollar esta habilidad.

Intenta mantener la forma del power chord al deslizar de uno a otro bloqueando los dedos en su posición y moviendo todo el brazo desde el codo. Estos primeros ejercicios pueden parecer simples, pero son una técnica importante de la guitarra rítmica.

En el primer ejemplo, simplemente estamos deslizando desde un power chord de G hasta A. Lo importante es que la cuerda E al aire se silencia con el talón de la mano mientras se toca, pero los acordes puedes dejarlos sonar por completo. Esto le da una sensación de profundidad y contraste al riff.

Ejemplo 2a:

En el siguiente ejemplo, la dirección de deslizamiento se invierte y el slide comienza en un pulso no acentuado. La sincronización puede ser un problema con estos slides porque se tocan con *legato* (sin puntear) y muchos intérpretes confían en su mano que puntea para controlar el ritmo. Cualquier idea en la guitarra rítmica se debe ajustar rítmicamente para que encaje con el bajo y la batería, así que desarrolla esta precisión desde el principio.

Ejemplo 2b:

A continuación, ampliamos los intervalos e incluimos deslizamientos ascendentes y descendentes. Si tienes dificultades para detenerte con precisión en el traste correcto, puede ser útil mirar el traste objetivo con anticipación, en lugar de simplemente observar cómo la mano toca el primer acorde.

Ejemplo 2c:

El siguiente ejemplo agrupa los deslizamientos. Para comenzar, sigue las instrucciones de punteo, luego para un desafío adicional, puntea solo el primer power chord de cada grupo de cuatro y deslízate hacia cada uno de los siguientes. Este enfoque puede perder la contundencia que requiere la guitarra del metal, pero es una excelente manera de probar tu buen tiempo.

Ejemplo 2d:

El siguiente ejercicio usa ideas de deslizamientos a lo largo de las cuerdas inferiores. Abórdalo lentamente y recuerda mantener tus ojos por delante de tu mano si te estás desfasando con los deslizamientos.

Ejemplo 2e:

El ejercicio final exige deslizamientos largos hacia arriba y hacia abajo del diapasón y te ayudará a desarrollar la precisión. Dimebag Darrell tenía una excelente técnica de deslizamiento, y podía volar arriba y abajo del diapasón con precisión mientras se movía por el escenario. Ponte a prueba sin mirar el diapasón mientras tocas y confía en tus oídos para juzgar si le has dado al traste correcto. ¡Esto paga dividendos a la hora de tocar en vivo!

Ejemplo 2f:

Mover acordes entre cuerdas

A continuación, trabajaremos en mover formas de power chords a través de las cuerdas. A pesar de la menor distancia, este movimiento puede ser más difícil que mover el acorde a lo largo de una misma cuerda, porque cuando se cambian los acordes, los dedos deben dejar brevemente las cuerdas, aunque mantener la forma del power chord intacta en tu mano es esencial.

Ejemplo 2g:

El ejemplo 2h es un poco más complicado y se basa en el ejercicio 2g al moverse un traste *y* una cuerda entre cada acorde. Comienza aprendiendo cuidadosamente los movimientos de acordes con un tempo lento.

Ejemplo 2h:

Puedes escuchar ideas como esta ejecutadas con velocidad y precisión en el death metal y otros géneros relacionados. Intenta mover la mano lo menos posible. Mantener los dedos cerca de las cuerdas ayuda con la velocidad.

En el siguiente ejemplo, nos movemos a lo largo del diapasón en semitonos mientras usamos un *pedal* en la cuerda E al aire.

Ejemplo 2i:

Intenta silenciar con la palma de la mano (*palm mute*) la cuerda E mientras permites que los acordes suenen por completo. Escucha el ejemplo de audio para oír esta técnica en acción. Puntear los acordes hacia abajo crea un ataque más agresivo.

Finalmente, aquí hay un riff cromático de death metal. Aprende esta idea lentamente y concéntrate en el tiempo. Es fácil ponerse tenso en la mano del diapasón, entonces si sientes alguna tensión, asegúrate de sacudir la mano y volver a intentarlo con un tempo más lento. Con práctica constante, desarrollarás la resistencia en unas pocas semanas.

Ejemplo 2j:

Las siguientes canciones cuentan con riffs basados en power chords móviles:

Black Sabbath – *N.I.B.*

Metallica – *Master of Puppets* (verso)

Slayer – *Reborn*

Pantera – *A New Level*

Slipknot – *Surfacing* (bridge)

Machinehead – *Imperium* (coro)

Puedes descargar todo el audio de este libro de forma gratuita en **www.fundamental-changes.com/ download-audio.**

Capítulo 3: Desarrollar la mano que puntea

En los últimos treinta años, las demandas técnicas del metal han requerido una mano de punteo cada vez más desarrollada.

Este capítulo te brinda ejemplos musicales y ejercicios que desarrollan la velocidad y la resistencia para abordar las partes rítmicas en el thrash y el death metal.

Hay tantas variaciones de la posición de la mano que puntea como hay intérpretes, pero los guitarristas más exitosos tienden a tener enfoques similares.

Las dos consideraciones esenciales de cualquier técnica son una *postura relajada* y un *buen sonido*. Con esto, quiero decir que debes tratar de reducir cualquier tensión en tus brazos y manos mientras produces una calidad de sonido que tenga buena claridad y ataque.

Al aprender a tocar metal, existe la tentación de tocar rápido de inmediato. Muchos intérpretes jóvenes se crispan y se encorvan sobre la guitarra en un esfuerzo por replicar la velocidad que escuchan en los discos, pero la velocidad es el producto de la práctica regular durante un largo período de tiempo.

Las lesiones por esfuerzo repetitivo en la mano que puntea son frecuentes entre los guitarristas de metal extremo, aunque este riesgo se reduce considerablemente al calentar correctamente y mantener los músculos relajados al tocar.

El poderoso ataque de cuerdas de intérpretes como Jeff Hanneman (Slayer) y Chuck Schuldiner (Death) es el producto de un control *relajado*. La pura agresión no es un sustituto de la relajación y la buena técnica.

El movimiento de la mano que puntea debe provenir de la muñeca y no de las articulaciones del dedo pulgar y el índice. Rasguear desde la muñeca permitirá más resistencia que depender de los pequeños músculos que controlan cada dedo para mover la púa.

Experimenta con el ángulo de la púa cuando hace contacto con las cuerdas. Si el ángulo es demasiado plano, la cuerda creará demasiada resistencia pero si la púa impacta solo con el filo, la nota será menos clara. Muchos intérpretes de metal prefieren una púa gruesa de 2 mm con una punta afilada para darle impulso al ataque y deslizarse por las cuerdas.

Cuando tocas la guitarra rítmica formas parte de la sección rítmica de la banda (junto con el bajo y la batería). Por esta razón, el control del tiempo es tu principal preocupación y en realidad, ¡es más importante que el tono o incluso la precisión de las notas!

En el rock y el metal, es una práctica estándar que cada parte de la guitarra rítmica tenga *double-tracking* al grabar. Las grabaciones dobladas dan como resultado un sonido rico y grueso que una guitarra sola no puede lograr. Sin embargo, si intentas grabar partes de *double-tracking* tu mismo, la precisión necesaria para grabar incluso un riff sencillo se aumenta significativamente.

Para ayudarte a desarrollar el sentido del ritmo, practica siempre con un metrónomo o un bucle de batería. Esto te acostumbrará a tocar un ritmo externo en lugar de hacerlo a la velocidad que te resulte más cómoda.

Hay dos componentes para el control del tiempo:

• Mantener el tempo parejo.

• Subdividir el pulso equitativamente.

A medida que tu técnica de punteo se vuelva más precisa y segura, la precisión de tus subdivisiones mejorará. Sin embargo, mantener un pulso *interno* consistente tiene que ver menos con la técnica física y se puede mejorar con ejercicios simples y un metrónomo lento.

Ejercicios de ritmo interno

Comienza rasgueando un ritmo de estilo acústico simple con un metrónomo a 160bpm. Llevar el pulso con el pie puede ayudar a mantener el tiempo pues te proporciona un pulso constante.

Fig. 1:

Cuando sientas que estás tocando a 160 bpm de forma sólida, ajusta el metrónomo a 80bpm, pero *toca a la misma velocidad.*

Fig. 2:

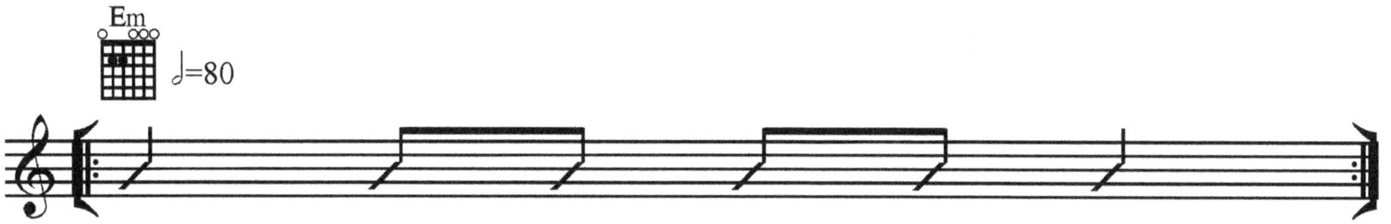

Reduce la velocidad nuevamente a 40bpm. Ahora solo se oye el clic en el tiempo uno del compás y tocar con precisión con el clic tan lento puede parecer un ejercicio de confianza. Mantenerse a tiempo puede ser difícil al principio, pero este tipo de práctica mejora rápidamente tu reloj interno y te ayuda a sentirte seguro y relajado.

Fig. 3:

Finalmente, ajusta el metrónomo a 20bpm para que el clic solo se escuche una vez cada dos compases. Probablemente te tome algo de tiempo obtener la sensación de este ejercicio.

Fig. 4:

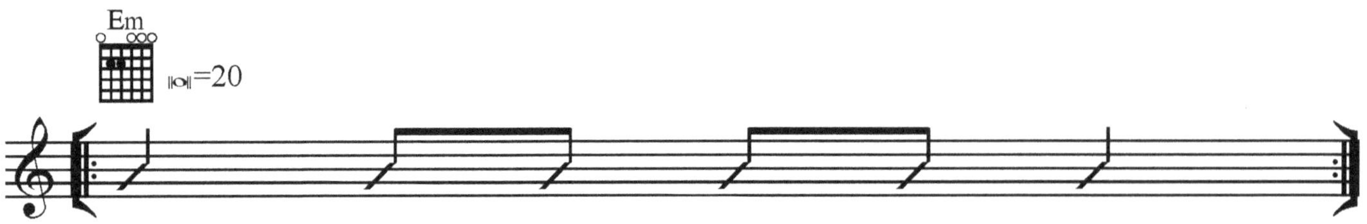

Algunos metrónomos no harán clic tan lentamente, pero varias aplicaciones de teléfonos inteligentes y metrónomos electrónicos más caros tienen la opción de hacer clic solo en el tiempo uno del compás.

Si puedes relajarte lo suficiente como para hacer los ejercicios previos con precisión y sin acelerar, puedes confiar en tu tiempo.

Adquiere el hábito de grabar tu práctica y escuchar los resultados 24 horas después para hacer más evidentes los problemas de sincronización. Cuando aprendas una canción nueva, grábala para revisar objetivamente tu desempeño y documentar tu progreso.

Puntear los riffs

Ahora que hemos tenido una introducción rápida sobre el tiempo y el uso de un metrónomo, es hora de sacar algunos riffs de metal. Estos riffs han sido escritos para perfeccionar tu mano de punteo y abordar los diferentes problemas que surgen en el metal.

El siguiente ejercicio usa negras constantes. Puntea todo hacia abajo en lugar de punteo alternado para obtener un ataque de metal auténtico y pesado.

Ejemplo 3a:

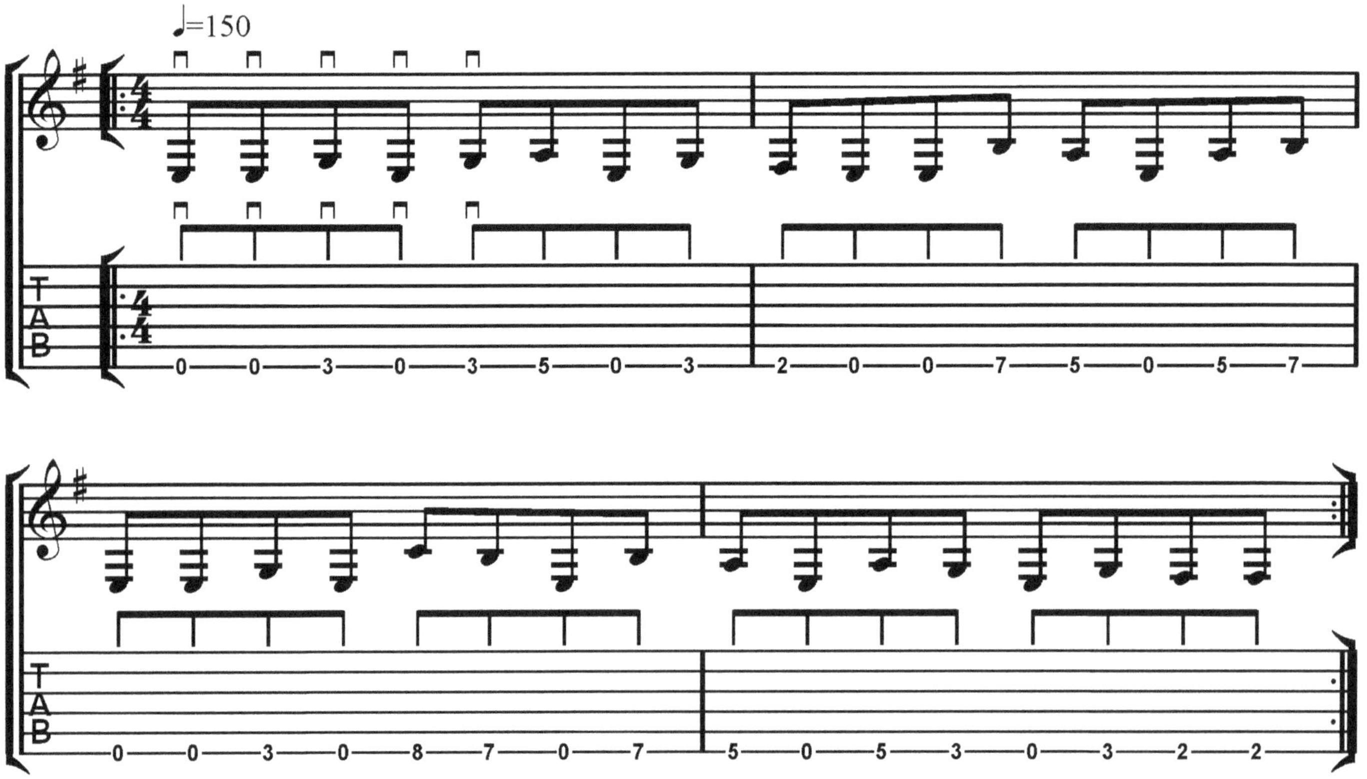

El palm muting ayuda a mantener los riffs ajustados y bien articulados, y a crear el característico sonido 'resoplante' de la guitarra rítmica del metal. Para obtener el sonido correcto, mantén el lado carnoso de tu mano que puntea en las monturas del puente para que toquen y silencien levemente las cuerdas. Experimenta moviendo tu mano más hacia adelante sobre las cuerdas para amortiguar cada vez más el sonido.

Un buen sonido te permitirá escuchar el tono de las notas pero no dejar que sigan sonando.

Este segundo ejemplo introduce algunas notas en la cuerda A. Mantener los golpes hacia abajo uniformes mientras se cambian las cuerdas requiere un poco más de control que simplemente darle a una misma cuerda, así que asegúrate de estar relajado y de que la muñeca se deslice libremente a través de las monturas del puente.

Ejemplo 3b:

Hay posibilidades ilimitadas para este tipo de riff. Solo escucha un puñado de discos de thrash metal de la vieja escuela para escuchar diferentes interpretaciones de la misma idea.

El siguiente riff punteado hacia abajo implica más cruce de cuerdas que la idea anterior, así que practica este ejemplo lentamente y aprende a tocarlo constantemente antes de acelerar. Usa los cuatro dedos de la mano del diapasón para navegar por las notas *cromáticas*.

Ejemplo 3c:

Ganar la velocidad y la resistencia necesarias para el thrash metal requiere tiempo y repetición. Intenta aumentar la velocidad del metrónomo periódicamente en 5bpm para ver si puedes mantener el control a velocidades más rápidas. Si sientes algún dolor, debes consultar a un médico o un especialista. Si tienes alguna duda, detente y obtén asesoramiento profesional de tu médico.

El siguiente ejercicio es la base de todo lo que se detalla en este capítulo, por lo que vale la pena pasar algo de tiempo hasta sentirse cómodo tocando a un tempo moderado de entre 100 y 120 bpm. Regresa a este ejercicio a medida que avanzas en el resto de los ejemplos y sentirás cómo mejora tu control.

El objetivo del ejercicio es "sincronizar" rítmicamente y ser consciente de cómo cada nota subdivide el pulso en cuatro divisiones iguales. Comienza despacio y acentúa la primera de cada grupo de cuatro notas para ayudar a mantenerse en el tiempo a medida que comienzas a aumentar la velocidad del metrónomo.

Ejemplo 3d:

Al tocar el ejemplo anterior junto con el audio, debe haber unidad entre los golpes del bombo y la guitarra. Mientras más puedas concentrarte en escuchar la batería mientras tocas, más podrás sincronizarte.

Ritmos de galope

El ritmo de 'galope' ha sido interpretado por muchas bandas, pero a menudo se asocia con Iron Maiden, que lo utilizó como base para varias de sus canciones más famosas.

El punteo en una sola cuerda funciona igual que el rasgueo, por lo tanto, mantén el patrón de semicorcheas abajo/arriba del ejercicio 3d para ayudar con el tiempo, y mueve la mano sin tocar la cuerda cuando no se requiera una nota. Como la segunda nota de cada grupo de cuatro notas se omite, el patrón de punteo será 'abajo-abajo-arriba' en cada tiempo.

Ejemplo 3e:

♩=100/140

Ejemplo 3e:

Usemos esta idea para crear algo de música real. Usar ejercicios para hacer música nos ayuda a mantenernos enfocados, entusiastas y nos ayuda a ver un genuino beneficio creativo.

Agregar power chords a estos ritmos resalta los cambios de acordes, dándole mayor impulso a la música.

Ejemplo 3f:

♩=130

B⁵   D⁵   G⁵   A⁵   F#⁵

P.M.

Mantén las notas individuales ajustadas y controladas mientras haces que los power chords suenen grandes y fuertes. Logra esto aplicando palm-mute a las partes más rápidas del 'galope', pero quita la palma del puente para los power chords y deja que suenen por completo.

Aquí hay otro riff que emplea el ritmo de galope, pero esta vez la cuerda de E al aire actúa como un *pedal* (una nota de bajo estática) mientras que los power chords proporcionan interés melódico. Aprende este riff lentamente hasta que ambas manos se sientan cómodas. Intenta mantener intacta la forma del power chord mientras la deslizas por el diapasón y presta atención a la sincronización de los deslizamientos.

Ejemplo 3g:

Este tipo de idea es común en el sonido de Metallica y Exodus en los 80s, así como con muchas otras bandas de thrash metal.

El thrash metal fusionó los sonidos del heavy metal británico y el punk hardcore para crear un estilo nuevo, rápido y agresivo que incorpora la competencia técnica del metal. Las bandas de thrash usaron una variación del ritmo de galope conocido como 'galope inverso'.

Al tocar el patrón de galope inverso directamente sobre el tiempo, crearon un sentido de urgencia enérgico.

Ejemplo 3h:

Esta idea puede ser un poco más exigente, pero tu resistencia debería aumentar a las pocas semanas de estar tocando estas ideas regularmente.

El siguiente ejemplo esta en tiempo de 3/4, lo que significa que cada compás contiene tres tiempos. Las bandas más progresivas del movimiento thrash inicial, como Testament, así como las bandas posteriores como Death y Nevermore, usan diferentes signaturas de tiempo para agregar variación al vocabulario de thrash. Mantén un punteo hacia abajo y hacia arriba en semicorcheas.

Ejemplo 3i:

El ejemplo 3j usa nuevamente el patrón de galope inverso. Trata de mantener los golpes hacia abajo para las corcheas en los tiempos tres y cuatro. Los golpes hacia abajo proporcionan un tono más potente, mientras que el movimiento más uniforme de la mano que puntea ayuda a sincronizar.

Ejemplo 3j:

Esta combinación de ritmo de galope inverso y elección de notas oscuras se encuentra a menudo en la música de Slayer.

Ahora veamos un ejemplo más sincopado en el estilo de Pantera.

Muchas de las notas del siguiente ejemplo ocurren en pulsos no acentuados, así que deberías usar punteo alternado estricto y seguir las instrucciones de punteo anotadas. Para articular los ritmos sincopados correctamente, las notas deben mantenerse cortas y contundentes. Escucha los ejemplos de audio para ayudarte a capturar la sensación correcta.

Entre cada nota, silencia las cuerdas con la mano del diapasón aplanando suavemente los dedos sobre las cuerdas. Puede tomar algún tiempo llegar a coordinar las manos, pero ve despacio y pronto será natural cambiar entre el punteo y el silenciamiento.

La precisión rítmica fue intensificada por bandas como Fear Factory y Meshuggah a principios de los 90s y el siguiente ejemplo demuestra este estilo.

Ejemplo 3l:

Las brechas entre las notas deben ser silenciosas para crear el impacto adecuado.

Para una técnica de silenciamiento más efectiva, coloca el primer dedo de la mano que puntea sobre las cinco cuerdas superiores a lo largo del riff y coloca los tres dedos restantes sobre las cuerdas para amortiguar la sexta cuerda durante los descansos. Expande los dedos para evitar generar armónicos naturales por accidente.

El nivel técnico para la interpretación del ritmo del metal extremo fue elevado por Death y Cynic, quienes surgieron de la escena del death metal de Florida a fines de los 80s. El álbum debut de Cynic, *Focus* contiene muchos riffs técnicos y precisos.

Los siguientes dos ejemplos se combinan para formar una idea musical que demuestra el enfoque de varias capas para la composición de canciones encontradas en los discos de Cynic.

La primera parte muestra una idea melódica típica donde el motivo se expresa en corcheas, pero cada nota se puntea dos veces para crear un pulso de semicorcheas.

Para ayudarte a escuchar las dos partes más claramente, estos ejemplos se reproducen individualmente y luego juntos.

Ejemplo 3m:

La parte de guitarra más baja, que se muestra en el ejemplo 3n, necesita un muting cuidadoso entre los acordes y las notas individuales. También se debe prestar especial atención a las ráfagas cortas de fusas. La mano que puntea tendrá que estar muy relajada para ejecutar estos ritmos cómodamente y deberían sentirse como un estallido de energía único y rápido.

Ejemplo 3n:

Las siguientes canciones contienen excelentes ejemplos de estos patrones de punteo en contexto:

Iron Maiden – *The Trooper*

Anthrax – *Caught in a Mosh*

Metallica – *Motorbreath*

Megadeth – *Holy Wars... The Punishment Due*

Slayer – *Raining Blood*

Trivium – *Pull Harder on the Strings of Your Martyr*

Capítulo 4: Escalas para el metal

Después de haber examinado los patrones rítmicos y el fraseo en los capítulos anteriores, ahora veremos cómo las escalas agregan una dimensión melódica a los riffs de metal.

Desde que Tony Iommi tocó un intervalo de tritono en la canción principal del álbum debut homónimo de Black Sabbath, el heavy metal se ha caracterizado por su música oscura y de sonido malicioso. Este sonido pesado creó la atmósfera perfecta para las letras melancólicas, agresivas o incluso satánicas del metal.

En este capítulo, estudiaremos las escalas más utilizadas en el metal, y veremos cómo las usan los guitarristas rítmicos de heavy metal para desarrollar riffs y progresiones de acordes.

La mayoría de los diccionarios de escalas generalmente están diseñados para solistas y proporcionan muchos patrones que cubren todo el diapasón. Como solo nos interesa la guitarra rítmica, los diagramas de este capítulo enseñan escalas en las cuerdas inferiores (graves) y muestran cómo se tocan horizontalmente a lo largo del diapasón. Sin embargo, he incluido una forma de escala de 'posición abierta' en las seis cuerdas para ayudarte a construir riffs en la parte inferior del diapasón.

Al aprender nuevas escalas, es importante reconocer las "notas de carácter" que definen cada escala. Cada escala tiene un sabor distintivo, y saber qué notas contribuyen al estado de ánimo único de la escala es muy importante.

La mayoría de las escalas mostradas aquí contienen el mismo acorde menor (1, b3, 5) o escala menor pentatónica (1, b3, 4, 5, b7) dentro de sus siete notas, por lo que las notas de carácter son normalmente las notas restantes (la 2da y la 6ta).

Es útil examinar las progresiones de acordes comunes asociadas con cada escala, tanto para ayudarte a crear música, como para ver las escalas como base para las canciones en lugar de solo ideas teóricas. Para formar acordes a partir de escalas, cada escala debe *armonizarse*.

Armonizar una escala

Los acordes se forman apilando tres notas, cada una estando una 3ra por encima de la anterior. Estas estructuras de tres notas se llaman *tríadas* y son el tipo más básico de estructura de acordes en la música.

Para armonizar una escala (C mayor) comienza con las notas de C mayor escritas:

C D E F G A B C

Para construir un acorde en cada paso simplemente toma notas alternadas.

C D **E** F **G** A B C = C,E,G = tríada mayor

Como puedes ver, se forma una tríada omitiendo notas alternadas en la escala, y este proceso se puede iniciar en cualquier nota de la escala.

Las notas C, E y G forman el acorde de C mayor, mientras que las notas D, F y A forman el acorde de D menor. La distancia de C a E es de cuatro semitonos, pero la distancia de D a F es de solo tres semitonos.

C **D** E **F** G **A** B C

Si una tríada tiene una distancia de *cuatro semitonos* entre la fundamental y la 3ra (por ejemplo, C a E), entonces es un acorde mayor. Si una tríada tiene una distancia de *tres semitonos* entre la fundamental y la 3ra (por ejemplo, D a F), es un acorde menor.

La formación de tríadas en cada nota de la escala crea la siguiente secuencia de acordes:

C mayor, D menor, E menor, F mayor, G mayor, A menor, B disminuido

Los acordes se referencian a menudo con números romanos. Cada acorde se conoce por su relación con la fundamental de la escala madre.

En números romanos, la escala mayor se escribe de la siguiente manera:

I   ii   iii   IV   V   vi   vii°

Las letras mayúsculas indican los acordes mayores y las letras minúsculas indican los acordes menores.

En el diagrama anterior, puedes ver que el acorde I es mayor, (letras mayúsculas) pero el acorde vi es menor (minúsculas).

Todas las escalas mayores tienen el mismo patrón de intervalos, por lo tanto, la secuencia de tríadas mayores y menores será la misma en todas las tonalidades. Esto significa que los números romanos pueden representar las notas encontradas en los intervalos de cualquier escala.

Las tríadas *disminuidas* (acordes construidos a partir de dos 3ras menores) se indican mediante un círculo pequeño y las tríadas *aumentadas* (acordes construidos a partir de dos 3ras mayores) se muestran con un signo más (+).

Otras escalas se forman con un patrón diferente de intervalos, por lo que más tarde verás acordes referenciados con sostenidos y bemoles (# y b). Por ejemplo, mira el acorde bIII. Este símbolo nos dice que el tercer intervalo de la escala es una 3ra menor desde la fundamental y que el acorde se formó sobre su mayor.

Usando este sistema, ilustraré los acordes formados cuando cada una de las escalas en este capítulo esté armonizada y también sugeriré algunas progresiones de acordes para que puedas experimentar.

El modo menor natural / eólico

El Eólico o menor "natural" tiene una calidad sombría pero majestuosa y es la escala menor de siete notas más comúnmente utilizada en metal. Guitarristas como Gary Moore, Richie Blackmore y Uli Jon Roth comenzaron a usar esta escala en los años 70s para ampliar el vocabulario de blues del hard rock en ese momento.

La escala menor natural proporciona muchas progresiones de acordes fuertes y suele ser la base para canciones de tonalidad menor. La calidad sombría de la escala se produce porque la escala armonizada crea un acorde v menor, en lugar del acorde mayor V proporcionado por la escala menor armónica que está estrechamente relacionada.

Las notas de carácter son la 2da y la 6ta naturales de la escala. Pasar del 2do al b3ro, o del b6to al 5to intervalo de la escala con una melodía o riff te ayudará a escuchar el estado de ánimo oscuro de la eólica. Nuestros ejemplos musicales se centran en estos intervalos específicos.

E eólico/menor natural: Fórmula 1 2 b3 4 5 b6 b7

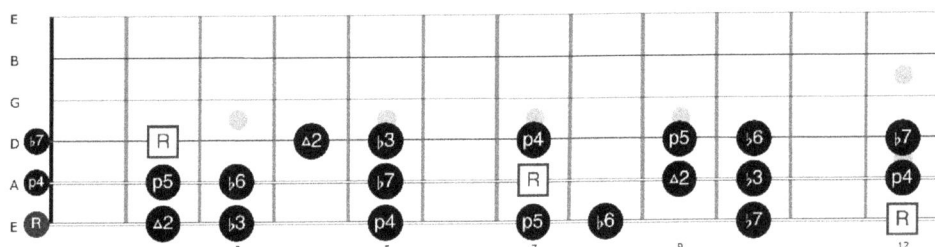

E eólico/menor natural

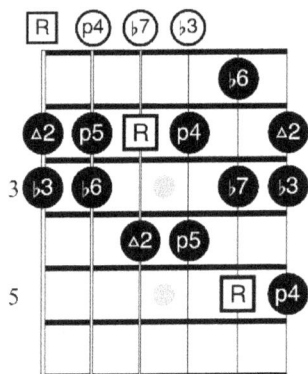

El modo eólico armonizado:

i	ii°	bIII	iv	v	bVI	bVII
Em	F#dim	G	Am	Bm	C	D

Progresiones de acordes comunes:

Canciones que usan el modo Eólico:

Metallica – *Fade to Black*

Iron Maiden – *The Loneliness of the Long Distance Runner*

Judas Priest – *Breaking the Law*

Ozzy Osbourne – *Crazy Train*

Muse – *Time is Running Out*

Rammstein – *Reise, Reise*

Slipknot – *Sulfur*

El primer ejemplo está escrito con el estilo de bandas británicas de heavy metal como Iron Maiden y Judas Priest. Describe una progresión común de la guitarra de rock y termina con un relleno de escala que resalta las notas de carácter del modo Eólico.

Ejemplo 4a:

El siguiente riff es un patrón repetitivo de un compás que esboza el modo Eólico mientras que una segunda guitarra usa power chords para tocar una progresión de acordes eólicos.

Cuando toques con otro guitarrista, tómate un tiempo para organizar las partes complementarias en lugar de simplemente tocar al unísono.

Ejemplo 4b:

Escuche la forma en que Hetfield y Hammett usan las dos guitarras para complementarse en canciones clásicas de Metallica, creando una textura más interesante.

El tercer riff eólico está en el estilo de bandas más melódicas como The Offspring o Rufio, que mezclaron punk post-hardcore melódico y metal en los años 90s. Usa punteo hacia abajo para obtener un sonido rítmico con impulso. Añadir palm muting en las notas de bajo te ayudará a enfatizar la melodía.

Observa también cómo la nota más baja cambia a lo largo del riff mientras que el patrón rítmico general permanece igual. Esto implica una sensación de armonía en movimiento a través del riff, que podría desarrollarse aún más con composición de bajo efectiva.

La escala menor armónica

La escala menor armónica es muy popular en el estilo neoclásico del cual fueron pioneros Uli Jon Roth, Richie Blackmore e Yngwie Malmsteen en los 80s. Estos intérpretes combinaron la guitarra del metal con un vocabulario extraído de compositores clásicos como Nicolo Paganini y J.S. Bach. El estilo neoclásico influyó en el heavy metal y la escala menor armónica ahora es utilizada por muchos intérpretes.

La escala menor armónica proporciona una sensación de influencia clásica, así como un toque exótico creado por el intervalo de tono y medio entre los grado b6 y 7mo. La menor armónica se diferencia de la escala menor natural por una sola nota (la 7ma nota es elevada), pero esto causa un cambio dramático en su sabor y los acordes generados cuando se armoniza.

El 7mo elevado convierte el acorde v que antes era menor en un acorde V7 (dominante) y la progresión de acordes V7 - i es un factor importante en el sonido neoclásico de la escala menor armónica. Existe un acorde disminuido en el segundo grado de la escala (ii°), por lo que los arpegios disminuidos a menudo se escuchan en melodías menores armónicas. Las notas de carácter de la menor armónica son b6 y 7.

Ten cuidado al tocar las distancias más largas que se encuentran en esta escala. Extender tu primer y cuarto dedo a lo largo de cinco trastes puede parecer incómodo al principio, pero tus dedos se relajarán con la práctica. Solo ten cuidado de no estirarte demasiado y no dañar tus tendones.

Fórmula de E menor armónica: 1 2 b3 4 5 b6 7

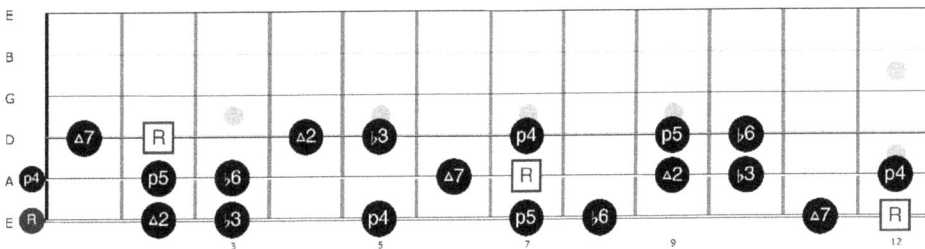

E menor armónica

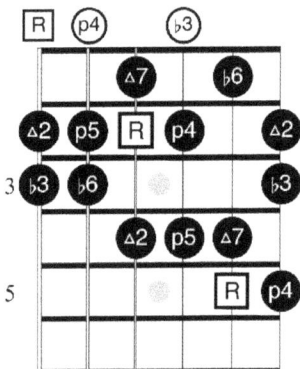

La escala menor armónica armonizada:

i	ii°	bIII	iv	V7	bVI	vii°
Em	F#dim	G	Am	B7	C	D#dim

Progresiones de acordes comunes:

Canciones que usan la escala menor armónica:

Yngwie Malmsteen – *Vengeance*

Muse – *New Born*

Pantera – *Revolution in My Name* (bridge)

Children of Bodom – *Bed of Razors*

Trivium – *Entrance of the Conflagration* (pre-coro)

Sonata Arctica – *8th Commandment*

Nuestro primer riff se mueve desde un power chord E5 a un D#5 para capturar el sabor de la escala E menor armónica. La secuencia corta de 3ras en el compás cuatro ayuda a acentuar el sonido neoclásico. Escucha el ejemplo de audio y mira cómo varío el palm muting a lo largo del riff.

Ser capaz de controlar y variar el palm muting de tu mano es una habilidad importante que te ayuda a darle vida a tu música. Los power chords no deben ser silenciados, los E repetidos deben ser fuertemente silenciados, y la frase final debe ser ligeramente silenciada para que los tonos sean todavía claramente audibles.

Ejemplo 4d:

El próximo riff de estilo neoclásico es un excelente ejercicio de punteo. Aunque la sensación de tresillo le da al riff algo de fanfarronería, el punteo todavía debe ser preciso y controlado. Observa la inclusión del arpegio disminuido en los dos últimos tiempos del compás dos. La escala menor armónica se puede implicar combinando el arpegio tónico (en este caso, E menor) con un arpegio disminuido tocado ya sea un tono arriba o un semitono debajo de la tónica (F#dim o D#dim).

Ejemplo 4e:

En el siguiente riff, es posible que las notas con legato sean un poco difíciles de controlar al principio, pero estas frases ayudan a solidificar la consistencia tonal del punteo.

Las ideas de semitono apuntan a las notas de carácter de la menor armónica b6 y 7ma natural. En el segundo compás, la tensión llega a un punto crítico cuando las notas acentuadas forman un arpegio B7 descendente (B A F# D#) que implica una progresión de Em – B7 (i-V7), típica de la armonía de la menor armónica.

Ejemplo 4f:

Si bien la escala menor armónica puede ser muy efectiva para darle un sentido dramático a tu forma de tocar, su sabor distintivo puede volverse demasiado familiar si no tienes cuidado. ¡Se responsable y úsalo con moderación!

El modo frigio

El modo frigio es similar al eólico, excepto que la segunda nota del frigio es bemol. Esta pequeña diferencia crea un carácter único. El modo frigio se encuentra a menudo en la música persa e india y proporciona un sonido oriental exótico cuando se usa en el metal.

Fórmula de E frigio: 1 b2 b3 4 5 b6 b7

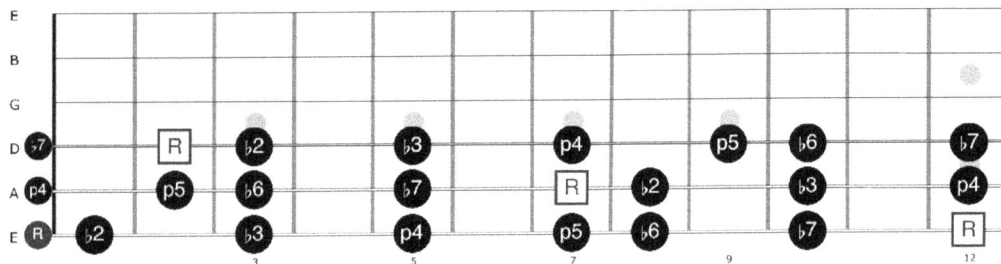

E frigio

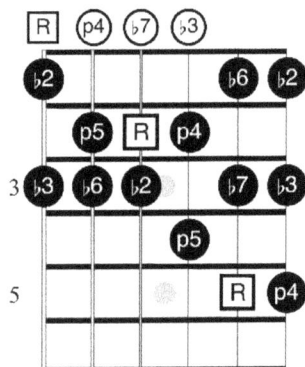

El modo frigio armonizado:

i	bII	bIII	iv	v°	bVI	bvii
Em	F	G	Am	Bdim	C	Dm

Progresiones de acordes comunes:

Canciones que usan el modo frigio:

Slipknot – *Duality*

Mastodon – *Blood and Thunder*

Megadeth – *Take no Prisoners*

Al di Meola – *Race with the Devil on a Spanish Highway*

Metallica – *Wherever I may Roam*

Aquí hay un riff atronador y pesado que explota el intervalo b2 melancólico del frigio. Los riffs más pesados son a menudo los lentos y que arrastran, en lugar de los que son rápidos y "triturados".

Golpea con fuerza con tu plectro, y aplica palm mute fuertemente en las dos semicorcheas del compás uno. ¡Usa un vibrato amplio en la F final y toca con actitud!

Ejemplo 4g:

Ahora veamos un riff típicamente agresivo del tipo de bandas como Slayer y Exodus. Deja que los power chords suenen claramente pero aplica palm muting en la cuerda de E al aire. El último tiempo puede ser punteado pero el legato proporciona un contraste tonal.

Ejemplo 4h:

En el siguiente ejemplo, trata de mantener la mano del diapasón bloqueada en la forma de octava al deslizar alrededor del diapasón, tal como lo hicimos con los power chords en el capítulo dos. El punteo debe ser un movimiento de rasgueo suelto, así que mantén las otras cuerdas en silencio aplanando el dedo índice de la mano del diapasón sobre las cuerdas no utilizadas y liberando la presión de las notas apagadas.

Ejemplo 4i:

El modo frigio dominante

El modo frigio dominante fue popular entre la cosecha original de guitarristas de rock neoclásicos, pero también se puede encontrar en el thrash y death metal debido a la gran influencia de intérpretes como Yngwie Malmsteen, Marty Friedman y Jason Becker.

El frigio dominante está estrechamente relacionado con el modo frigio, la única diferencia es la presencia de una tercera mayor en comparación con el modo frigio menor.

El nombre frigio *dominante* surge porque la escala se basa en el grado *dominante* (5°) de la escala armónica menor. El frigio dominante contiene las mismas notas que la escala armónica menor, pero comienza en el quinto. Por ejemplo, E frigio dominante contiene las mismas notas que A menor armónico, pero E se escucha como la nota "de inicio", en lugar de A.

Puede ser difícil escuchar la diferencia entre los modos simplemente al tocar formas de escala. El sabor realmente sale a la luz cuando los tocas con los acordes apropiados.

El sonido de esta escala es más tenso e inquieto que la escala menor armónica.

Fórmula de E frigio dominante: 1 b2 3 4 5 b6 b7

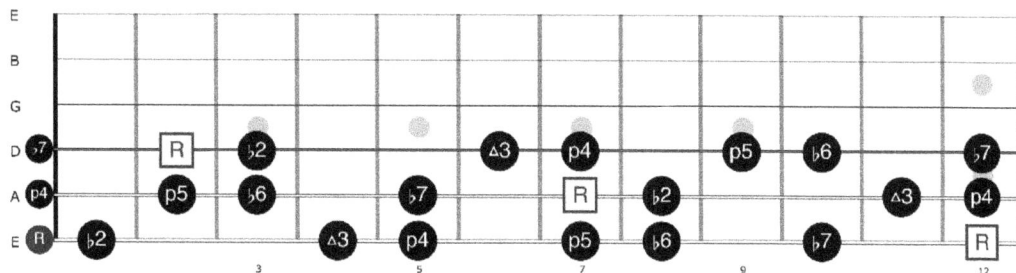

E frigio dominante

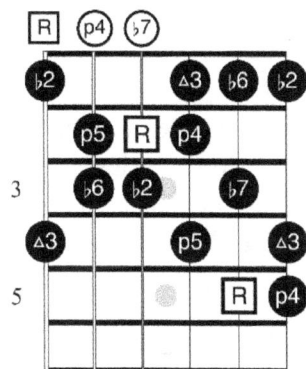

El modo frigio dominante armonizado:

I7	bII	biii°	iv	v°	bVI⁺	bvii
E7	F	G#dim	Am	Bdim	Caug	Dm

Progresiones de acordes comunes:

Canciones que usan el modo frigio dominante:

The Scorpions – *Sails of Charon*

Symphony X – *Inferno (Unleash the Fire)*

Metallica – *Wherever I may Roam*

Death – *Pull the Plug*

Los tonos de guitarra muy distorsionados que se usan en el metal pueden hacer que los acordes completos suenen turbios e indefinidos cuando se rasguean, por lo que usar *arpegios* para desglosar los acordes es una buena manera de abordarlo. El siguiente riff se mueve entre algunas de las tríadas contenidas en la escala frigia dominante. **Ejemplo 4j:**

Con arpegios más lentos, la separación de notas es menos importante que en los riffs melódicos, y permitir que las notas fluyan entre sí puede ser un efecto creativo útil. Baja el volumen de la guitarra para hacer que tu amplificador/pedal proporcione menos distorsión para obtener un poco más de claridad.

El siguiente riff es similar al trabajo de Uli Jon Roth con The Scorpions. El 3, b2 y b6 de la escala se enfatizan.

Ejemplo 4k:

Nuestro último ejemplo de frigio dominante destaca las 3ras mayores adyacentes (E-G# y F-A) contenidas dentro de la escala. Luego le apunta a otras 3ras mayores de la escala antes de terminar con un cambio melódico típico.

Ejemplo 4l:

Mantén la muñeca suelta para las "unidades" de punteo rápido. Descubrirás que los grupos de 6 saldrán por sí solos si te centras en hacer el último punteo hacia abajo en el tiempo siguiente. Inclina la púa ligeramente hacia adelante para ayudar a fluir por la cuerda más fácilmente.

El modo locrio

El modo locrio a menudo se descuida en el estudio de la música. No se usa en la música popular debido a su armonía oscura y disonante, ¡aunque esta disonancia e inestabilidad se puede explotar para crear riffs amenazantes y de sonido demoníaco!

El modo locrio no contiene un quinto intervalo natural desde la fundamental, sino que tiene un quinto disminuido o *tritono* (durante la Edad Media, el tritono fue supersticiosamente conocido como el intervalo del diablo) y debido a esta inestabilidad inherente, el modo locrio normalmente se usa en combinación con otras escalas menores como la frigia o la eólica. La combinación de estos modos relacionados proporciona un espectro completo de tensiones.

Los modos eólico, frigio y locrio representan una amplia gama de estabilidad y disonancia, aunque solo una nota cambia entre cada escala.

Fórmula de E locrio: 1 b2 b3 4 b5 b6 b7

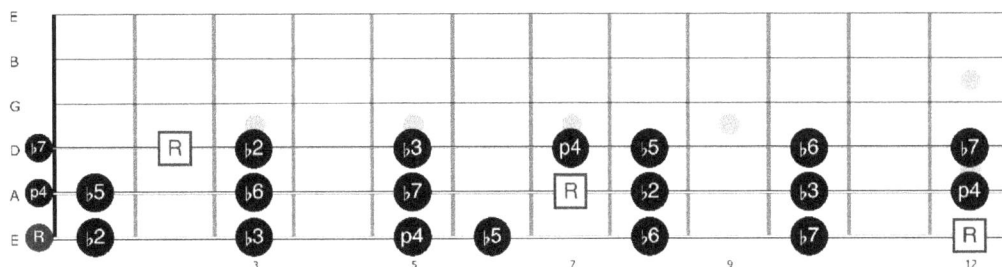

E locrio

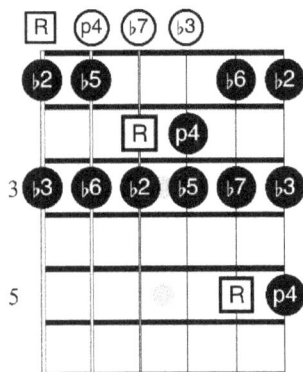

El modo locrio armonizado:

i°	bII	biii	iv	bV	bVI	bvii
Edim	F	Gm	Am	Bb	C	Dm

Habiendo dicho anteriormente que las notas de carácter normalmente no se encuentran en el acorde tónico de una escala, vale la pena señalar que en este caso es la presencia del b5 lo que diferencia al locrio del frigio, y crea el sabor sin resolver de locrio.

Progresiones de acordes comunes:

Em7(b5) ... Bb
im7b5 ... bV

Em7(b5)
im7b5

Em7(b5) ... E(sus4)
im7b5 ... Isus4

Em7(b5) ... Am ... Dm
im7b5 ... iv ... bVII

Canciones que usan el modo Locrio:

Metallica – *Seek and Destroy*

Slayer – *Angel of Death*

Metallica – *Blackened*

En el ejemplo 4m se enfatiza el *tritono* (una distancia de tres tonos) entre la fundamental y b5 para resaltar la disonancia total del modo locrio. El último compás usa dos patrones de cuatro notas. Primero comenzando en el b5 y luego en el b2.

Ya sea que decidas utilizar punteo hacia abajo o punteo alternado, asegúrate de que el cambio de cuerdas sea preciso.

Ejemplo 4m:

Las bandas noruegas de black metal de principios de los 90s tenían una estética "punk rock" y "lo-fi" tanto en su producción como en su interpretación. Si bien estas bandas habrían punteado con trémolo los siguientes riffs y con menos control, las bandas en las que influyeron, como Strapping Young Lad y Cryptopsy, fueron mucho más precisas desde el punto de vista técnico. Intenta que las semicorcheas sean exactas para enganchar con la batería.

Ejemplo 4n:

Después de usar la velocidad con el modo locrio, el siguiente riff inspirado en el nu-metal reduce la velocidad y se enfoca en el groove y la simplicidad mientras se apoya fuertemente en el intervalo del tritono. La clave para hacer que este riff funcione es darle realmente fuerte con la púa para crear un sonido de percusión. Sincronízate rítmicamente con la batería para darle groove. Es casi como una versión pesada de un riff de guitarra funk.

Ejemplo 4o:

Las bandas de nu-metal tenían la pesadez del metal, pero se inspiraban en el rock alternativo y en el sentido grunge de la composición, por lo que a menudo evitaban riffs excesivamente técnicos o largas secciones instrumentales. Muchos fanáticos y guitarristas de heavy metal descartan todo este subgénero, pero el cambio de estética permitió que una variedad diferente de influencias se filtrara en el metal.

Arpegios de 7ma disminuidos

La palabra 'arpegio' es simplemente una versión elegante de decir 'tocar las notas de un acorde por separado'. Los arpegios se tratan como dispositivos melódicos al igual que las escalas y los modos, excepto que tienen intervalos más amplios entre cada nota.

Un acorde *de 7ma disminuido* (diferente de la tríada disminuida que se encuentra en el modo locrio) es un acorde de cuatro notas con los intervalos 1, b3, b5, bb7. Todas las notas en el acorde están separadas por una 3ra menor.

Cuando las notas de un acorde están todas a la misma distancia, se denomina acorde *simétrico*. El beneficio musical de esta característica es que cualquier motivo disminuido se puede desplazar hacia arriba o hacia abajo en 3ras menores mientras permanece dentro de la tonalidad.

Los arpegios disminuidos no se encuentran en la escala mayor, pero se presentan tanto en las escalas menor armónica como frigia dominante. Dada su naturaleza simétrica, solo hay tres posibles arpegios disminuidos antes de repetir uno en una inversión diferente.

Fórmula del arpegio disminuido de E: 1 b3 b5 bb7

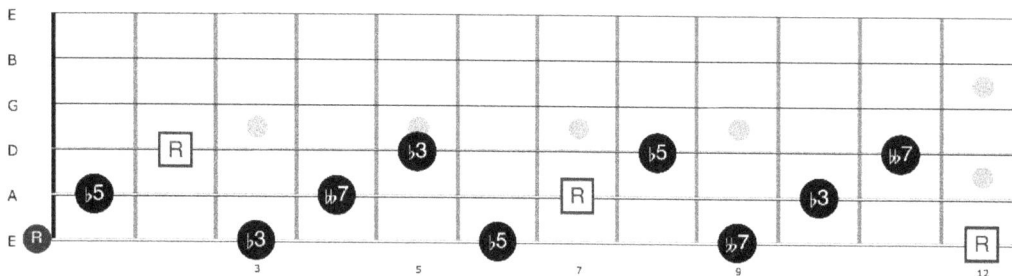

Arpegio disminuido de E

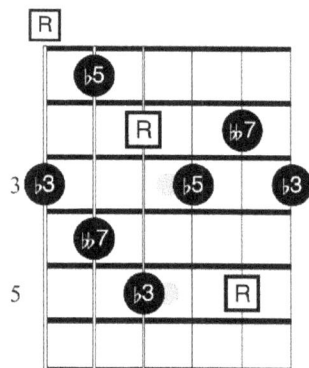

Canciones que usan arpegios disminuidos:

Symphony X – *Seven*

Yngwie Malmsteen – *Arpeggios from Hell*

Nevermore - *Born*

Arch Enemy – *Nemesis* (bridge)

El siguiente ejemplo muestra que la teoría musical es bastante flexible cuando el objetivo es la disonancia, y el sonido fuertemente reconocible del arpegio disminuido te permite combinarlos a voluntad sin preocuparte por una escala o tonalidad madre. Solo hay tres arpegios disminuidos diferentes (porque cada *inversión* sigue siendo un arpegio disminuido.) En lugar de utilizar todos los tres, intenta puntear dos de los tres para mantener un sonido cohesivo pero disonante.

El ejemplo 4p combina los arpegios disminuidos de E,G,Bb,C# y F#,A,C,D#, usando dos tiempos en cada uno antes de pasar de uno a otro.

Usar legato debería ayudar con el cruce de cuerdas aquí, ¡pero mantente atento a tus tiempos!

Ejemplo 4p:

Jeff Loomis utilizó con frecuencia ideas disminuidas durante su tiempo con Nevermore, y el siguiente riff está inspirado en sus álbumes anteriores. En el siguiente ejemplo, no estaba pensando en una escala específica, aunque la cuerda E al aire da una sensación de centro tonal. El oído acepta el efecto general debido al patrón distintivo y reconocible de cada arpegio disminuido.

Ejemplo 4q:

En el ejemplo 4r, usamos solo un arpegio disminuido pero movemos el mismo patrón hacia arriba y hacia abajo a través de sus diferentes inversiones.

Aunque el patrón sigue siendo el mismo, observa cómo cambia la digitación en el compás tres para facilitar el cambio de posición al inicio de la compás cuatro. Los E al aire adicionales en los compases tres y cuatro ayudan con el cambio de posición, así como también proporcionan variación al patrón de riff.

Ejemplo 4r:

Para aprender a usar el arpegio disminuido con otras escalas, intenta combinar las ideas de riff de menor armónica o frigio dominante con arpegios disminuidos. A partir de las secciones de armonización y progresión de acordes de cada subcapítulo de escala, podemos ver que un arpegio disminuido está realmente oculto dentro de esas dos escalas, por lo que deberías ver que fluyen muy bien del uno al otro.

Unas buenas combinaciones para experimentar serían A menor armónico con D disminuido, o B frigio dominante con C disminuido.

Combinar escalas

En la práctica, los músicos suelen mezclar varias escalas para crear riffs a partir de una paleta cromática de notas, y en el thrash y el death metal es común tomar un motivo o un intervalo único y subirlo o bajarlo en semitonos.

Dado que nuestra meta es hacer música interesante y emocionante, combinar elementos de diferentes formas y escalas sin preocuparse por la "teoría correcta" es un enfoque tan legítimo como tocar dentro de los confines de una escala.

Al final, el único juez que dirá si es bueno o malo es tu oído y, para usar un viejo cliché, "si suena bien, está bien". En realidad no es tan importante si tus composiciones se basan en la comprensión teórica o no.

Canciones que mezclan escalas o desplazan motivos arriba y abajo:

Slayer – *Raining Blood*

Metallica – *Disposable Heroes*

Meshuggah – *Straws Pulled at Random*

Slipknot – *Surfacing*

Cynic – *Veil of Maya*

Megadeth – *Rust in Peace... Polaris*

Basándose en los ejemplos anteriores de arpegios disminuidos (que se desviaron de los confines de una sola tonalidad), los siguientes ejemplos solo se refieren al *efecto* de cada nota sobre el pedal E.

Es posible ver nuestro primer ejemplo identificando de dónde se toman prestadas las partes: locrio (Bb, F), la escala de blues (B-Bb) y eólico (F#-G), pero tiene más sentido si solo vemos pares de semitonos moviéndose alrededor de la fundamental y dejar que tu oído decida qué funciona mejor.

Ejemplo 4s:

El siguiente ejemplo es un riff inspirado en James Hetfield con power chords y punteo hacia abajo. El riff incluye movimiento cromático pero aún esboza un patrón de E menor.

Practica moviendo los power chords con precisión a un tempo más lento, ya que pueden salirse de control fácilmente durante las frases largas y rápidas.

Ejemplo 4t:

Nuestro último ejemplo está en el estilo de bandas como Slayer y Exodus. El motivo en los compases uno y tres se mueve cromáticamente en las frases de respuesta en los compases dos y cuatro. Poner la digitación en orden aquí puede ser un poco complicado, así que tómalo despacio para asegurarte de que estás usando el método más cómodo para ti.

Ejemplo 4u:

Espero que esta inspección de las diversas escalas y arpegios encontrados en el metal te hayan dado una mejor comprensión de cómo se construyen los riffs, y por qué ciertos riffs suenan de una manera específica. Vale la pena tratar de pensar de forma creativa y emocional sobre esta información, en lugar de dejarse arrastrar por toda la teoría. ¿En qué te hace pensar el sabor de cada escala, y qué te hace sentir?

Mantén tus oídos abiertos para las escalas y los modos a medida que trabajas en los otros capítulos e identifica los dispositivos melódicos utilizados.

Capítulo 5: Armónicos

Después de todos esos ritmos atronadores y power chords turbios es hora de algún contraste. Al escuchar metal, probablemente hayas escuchado algunas notas agudas y penetrantes intercaladas entre los riffs bajos. Estas notas se llaman *armónicos*, y en este capítulo analizaremos diferentes tipos de armónicos y cómo se logran.

La ejecución de la guitarra rítmica a veces puede sonar algo turbia y nebulosa, particularmente cuando las guitarras están afinadas en un registro más bajo. Los armónicos pueden romper esta pared de sonido y ayudar a acentuar los pulsos importantes.

Una breve lección de física ...

Una cuerda de guitarra vibra para producir el sonido que escuchamos, y la velocidad a la que vibra determina el tono de la nota. Sin embargo, para crear el *tono* que escuchas, las cuerdas también vibran en una combinación compleja de frecuencias más altas simultáneamente. Estas frecuencias se conocen como armónicos.

El volumen relativo de cada armónico define el *timbre* percibido de un instrumento y permite que nuestros oídos distingan las características de las notas tocadas en diferentes instrumentos (o entre las diferentes cuerdas de la guitarra). Esta es la razón por la que un clarinete suena diferente de un chelo cuando se toca el mismo tono.

La longitud de onda de la nota fundamental es igual a la longitud de la cuerda. Los armónicos vibran en divisiones de esta longitud.

Sin llegar a ser demasiado científico, un armónico solo se puede encontrar en los puntos de *nodo* a lo largo de la cuerda donde la longitud de la escala se puede dividir en divisiones o proporciones iguales. El siguiente diagrama ilustra por qué los armónicos están donde están en el diapasón.

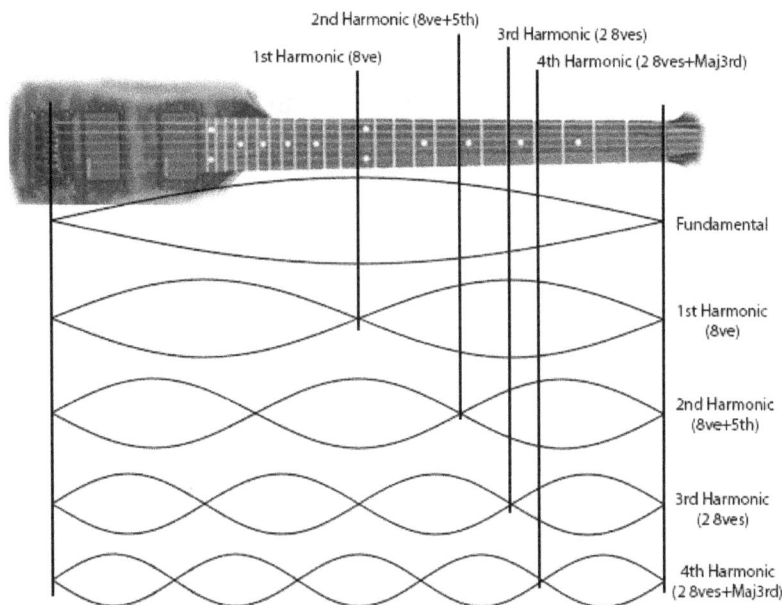

Los armónicos se tocan aislando los armónicos de frecuencia más alta y eliminando el tono fundamental de la cuerda abierta manipulando las cuerdas en los puntos de nodo.

En la guitarra, es posible crear una gama de armónicos naturales y "artificiales", que se analizarán a continuación.

Armónicos naturales

Los armónicos *naturales* son los armónicos más utilizados y también los más fáciles de tocar. Los armónicos naturales no se encuentran en todos los trastes, solo están disponibles en los puntos de nodo como se muestra en el diagrama. Los más fuertes están en los trastes 12vo, 7mo y 5to.

Para ejecutar un armónico natural, toca la cuerda suavemente en el traste 12, pero no presiones hacia abajo sobre el diapasón. Haz contacto directamente sobre el alambre del traste y no detrás de él. Cuando puntees la cuerda, el sonido debe ser puro y parecido a una campana.

Aquí hay una figura preliminar para ayudarte a aislar la técnica antes de trabajar con los riffs. En el primer compás, coloca el dedo índice a través de todo el diapasón, asegurándote de que todas las cuerdas estén sonando y no estén silenciadas accidentalmente. En el segundo compás trata de mantener cada armónico separado simplemente usando un área más pequeña de la punta del dedo. Recuerda, no estás punteando totalmente la nota, solo toca suavemente la cuerda sobre el traste.

Fig. 1

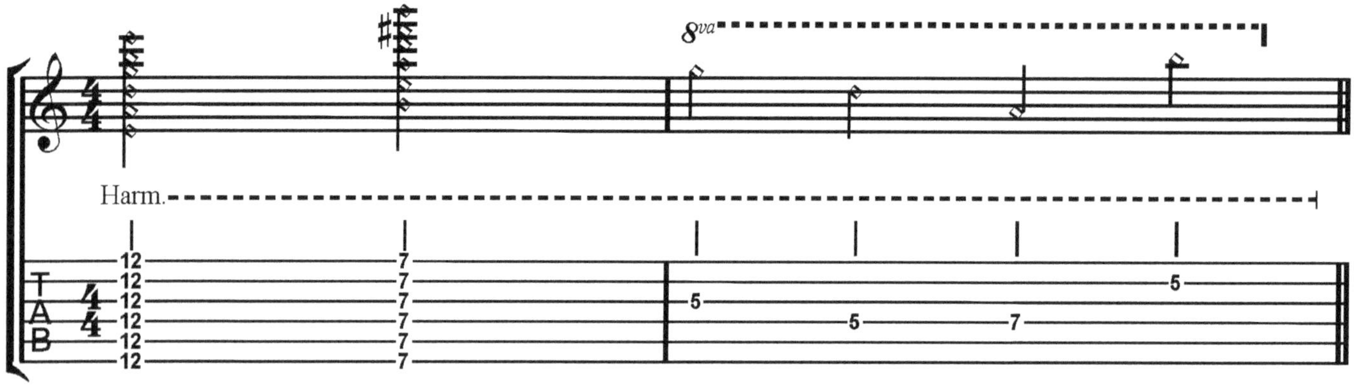

Nuestro primer riff está inspirado en Slayer en el período de South of Heaven/Seasons in the Abyss y contrasta con un riff turbio y silenciado con armónicos naturales similares a campanillas.

Los armónicos pueden sonar muy bien cuando se tocan con un tono limpio, pero se pueden salir de control fácilmente cuando se agrega distorsión. Cuando combines riffs y armónicos, es muy importante silenciar las cuerdas que no se tocan y aprender a apagar los armónicos después de haberlos tocado.

Usa la palma de la mano que puntea y los dedos no usados de la mano del diapasón para silenciarlos.

Ejemplo 5a:

Usa la yema del primer dedo para tocar los armónicos del quinto traste, colócalo sobre ambas cuerdas para que silencie la B mientras tocas la G. También se debe mover para silenciar la G cuando se toca la cuerda D. Repite el proceso con el dedo anular en el séptimo traste.

En el siguiente ejemplo, alternamos un riff bajo de una sola nota con dos armónicos diferentes para que desarrolles el control.

Ejemplo 5b:

Usa el meñique para hacer los armónicos mientras colocas el primer dedo sobre las cuerdas de bajo para mantenerlas en silencio. Toma tu tiempo para encontrar la posición que funcione mejor para el perfil de tu mano y tu diapasón.

La sensación amenazante del siguiente riff se ve reforzada por la inclusión de armónicos memorables. La cuerda E baja puede zumbar en todo momento y, ¡los armónicos se beneficiarán al permitir que se superpongan para crear una disonancia adecuadamente oscura!

Ejemplo 5c:

Los armónicos en el cuarto traste e inferiores pueden ser más difíciles de ejecutar que en los trastes 12vo, 7mo y 5to, pero usar la distorsión, la pastilla del puente y puntear cerca del puente te ayudará a que los armónicos te salgan bien. Estos armónicos más altos se demuestran en el ejemplo 5c.

El armónico del 3er traste en el compás uno se toca justo delante del alambre del traste, en lugar de directamente sobre él porque allí es donde cae el nodo armónico. Este ligero desajuste entre la posición del traste y el nodo armónico es una buena ilustración de cómo divergen la verdadera entonación y nuestro sistema de templado igual.

La siguiente idea armónica es más un efecto de sonido que un riff apropiado, por lo que esta técnica se usa a menudo como adorno o relleno.

Vamos a tocar una serie de armónicos naturales cepillando ligeramente la cuerda E entre la pastilla del mástil y los trastes más altos.

Dimebag Darrell y Mark Tremonti (Alterbridge) han usado este efecto, y el bajista Billy Sheehan a menudo usa esta idea en sus solos de bajo sin acompañamiento con Mr Big y otras bandas.

Ejemplo 5d:

slide randomly along the string over
highest frets to middle pickup area

Armónicos pellizcados

Los armónicos pellizcados (pinch harmonics) son los armónicos de sonido más agresivo. A diferencia de los armónicos naturales, se crean completamente con la mano que puntea, dejando libre la mano del diapasón para agregar vibrato y bending a la nota pellizcada. Cuando se combinan con el vibrato de rock, los armónicos pellizcados son una excelente manera de acentuar las notas en los solos.

La técnica en sí misma puede ser difícil de comprender inicialmente, así que prepárate para un poco de prueba y error antes de que la captes por completo. Básicamente, puntea la cuerda con un golpe hacia abajo con el objetivo de empujar la púa *a través* de la cuerda para que el borde exterior del pulgar toque la cuerda inmediatamente después de la púa. Te ayudará si dejas solo una pequeña porción de la punta de la púa sobresaliendo de los dedos.

Tan pronto como el pulgar haga contacto con la cuerda, retira la mano, de lo contrario, apagará la cuerda por completo.

Cambiar el lugar donde punteas la cuerda cambiará el tono del armónico producido. Los armónicos de tono más alto se encontrarán más cerca de la pastilla del puente y los de tono más bajo se crearán sobre la pastilla del mástil. Experimenta moviendo la mano hacia arriba y hacia abajo por la cuerda entre las pastillas del puente y del mástil.

Fig. 2

pick from over neck pickup towards bridge and back again

Nuestro primer ejemplo de riff de armónicos pellizcados es lento y pesado, lo que te permite un amplio espacio para enfocarte en los armónicos pellizcados.

Ejemplo 5e:

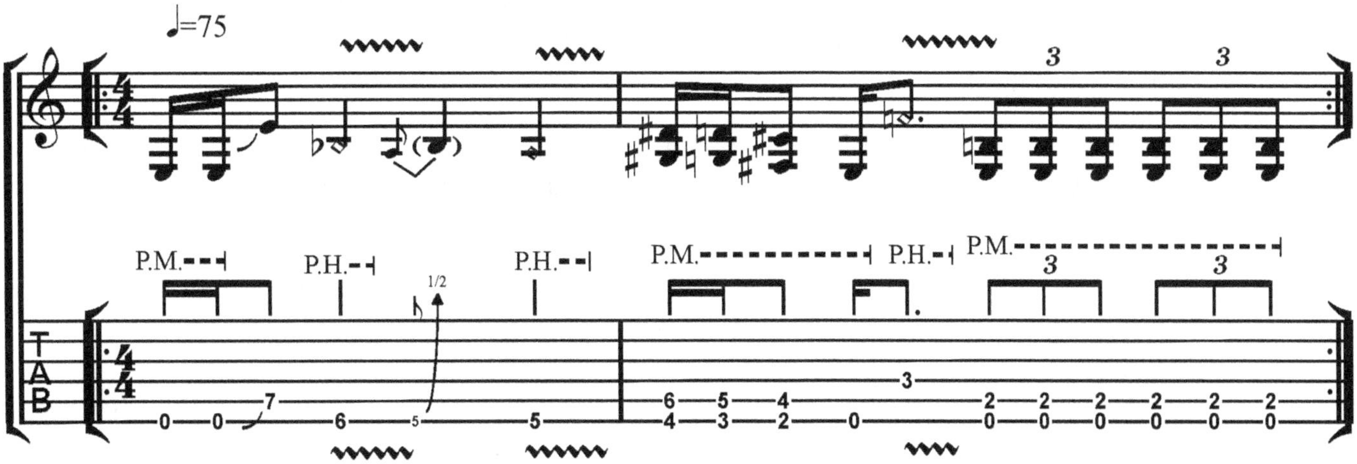

El bend en el compás uno debe ser lento y exagerado, y el palm muting casi debe apagar el sonido por completo para obtener un sonido muy de percusión. Acentúa el vibrato amplio.

El siguiente ejemplo está en el estilo de los guitarristas de Slipknot, Mick Thompson y Jim Root, y combina ritmos staccato ajustados con armónicos pellizcados.

Obtener un vibrato fuerte en los armónicos realmente los ayuda a destacarse. Elegí puntear el primer armónico cerca del puente para crear un tono más alto, y puntear el segundo armónico sobre la pastilla del mástil para producir un tono más bajo.

Ejemplo 5f:

El riff anterior contrasta los bajos recortados con los armónicos, así que asegúrate de silenciar cuidadosamente con la mano del diapasón y mantener las primeras notas entre cada power chord separadas.

Los armónicos repetidos en el siguiente riff pueden ser difíciles de sacar, especialmente si los armónicos pellizcados son nuevos para ti. El principio es similar al ejemplo 5d, pero ahora estamos usando el pulgar de la mano que puntea para tocar los puntos armónicos en lugar de la mano del diapasón.

A medida que punteas la cuerda para darle a los armónicos pellizcados, mueve la mano que puntea a lo largo del área desde el puente hasta la parte superior del diapasón para generar diferentes tonos. Regresa al punteo normal para los power chords.

Ejemplo 5g:

Pick while moving around the pickup area

El último ejemplo involucra ambas manos y demuestra cómo pasar del punteo alternado a los armónicos pellizcados. Perfecciona el cambio de cuerdas lentamente, y mantén el primer dedo de la mano del diapasón aplanado para silenciar las cuerdas no utilizadas.

Ejemplo 5h:

Armónicos con tapping

Los armónicos con tapping son menos comunes que las técnicas anteriores, pero suenan muy bien cuando se tocan con distorsión. Son una forma divertida de decorar una nota *después* de haberla punteado.

La idea es tocar una nota normalmente y luego dar un golpecillo rápidamente sobre el alambre del traste que se encuentre 12 trastes por arriba de la nota pulsada. La nota con tapping no se debe sostener: en su lugar, deberías intentar rebotar y alejarte de la cuerda lo más rápido posible.

Se puede agregar vibrato, bends o whammy después de lograr el armónico. Prueba algunos armónicos con tapping de forma aislada para comenzar. Recuerda que el número del traste entre corchetes en la tablatura corresponde a la nota con tapping y la nota anterior aún debe mantenerse presionada.

Fig. 3

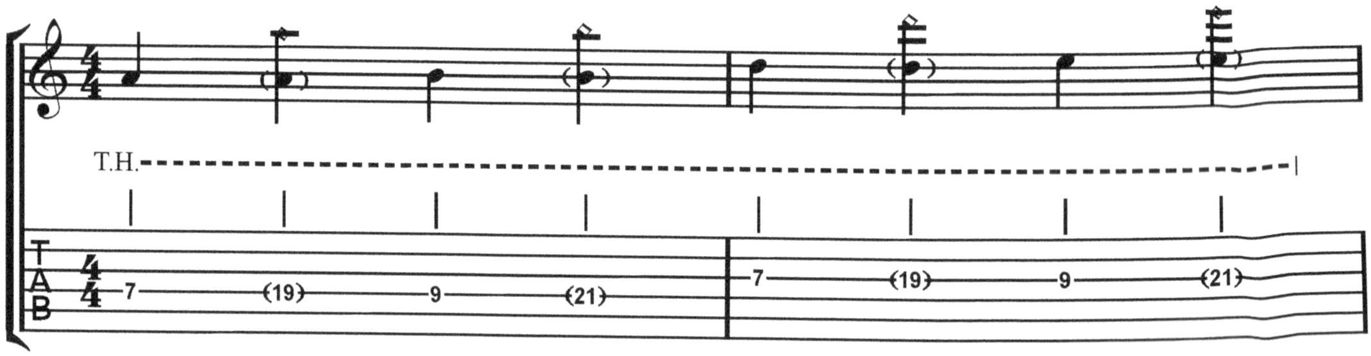

En el ejemplo 5i, un ritmo de tresillo de semicorchea se intercala con armónicos con tapping. Aprovecha al máximo estos armónicos y usa un vibrato lento y amplio. El buen vibrato mejorará el efecto de "grito" del armónico.

Al cambiar entre ideas rítmicas e ideas principales, asegúrate de silenciar rápidamente las cuerdas no utilizadas. En general, la palma de la mano que puntea debe cubrir las cuerdas de bajo cuando se toca la parte principal y los dedos de la mano del diapasón deben estar sobre las cuerdas de agudos cuando se toca el ritmo en las cuerdas de bajo.

Ejemplo 5i:

El ejemplo 5j muestra cómo se pueden usar los armónicos con tapping para embellecer un acorde sostenido, así como notas individuales.

Los primeros cuatro armónicos se aplican 12 trastes arriba de la nota pulsada. En la segunda forma, el "tap" o toque es 7 trastes más arriba que la nota pulsada produciendo armónicos una octava y una quinta más altos.

Ejemplo 5j:

let ring

Ten en cuenta que los números de traste en el compás dos de la tablatura significan los trastes que la mano que *punteo* debe tocar para crear los armónicos, mientras que el acorde Dsus2 final permanece sostenido desde el compás anterior.

El bajista de Dream Theater, John Myung se puede escuchar utilizando ideas armónicas como esta en *Images and words* y en *Awake*, y funcionan igual de bien en la guitarra. La distorsión moderada hará 'relucir' los armónicos sin convertirlos en un ruido indefinido. Intenta reducir el volumen en el control de tu guitarra hasta aproximadamente siete para obtener una menor distorsión de tu amplificador.

Los armónicos son una excelente manera de ampliar su paleta de sonidos, pero también piensa en su ubicación dentro de la canción al escribir riffs. Por ejemplo, un riff que acompaña a una fuerte melodía vocal puede que no sea el mejor lugar para romper con armónicos chirriantes. Del mismo modo, un acorde sostenido bajo un adorno de teclado o batería puede ser todo lo que se necesita y la adición de armónicos táctiles llenaría la textura. Saber cuándo abstenerse ayudará a que tu composición sea más dinámica y efectiva.

Canciones que usan armónicos:

The Dixie Dregs – *Take it Off the Top* (intro)

Ozzy Osbourne/Jake E. Lee – *Bark at the Moon* (intermedio)

Megadeth – *Tornado of Souls* (intro)

Dream Theater – *Erotomania* (última repetición del intro)

Pantera – *Cowboys from Hell* (riff post-solo)

Machinehead – *Imperium*

Black Label Society – *Suicide Messiah*

Slipknot – *Duality* (pre-verso/bridge)

Racer X – *Superheroes* (pre-coro)

Capítulo 6: Composición de riffs

Hasta ahora hemos analizado los muchos aspectos técnicos y teóricos de la interpretación de riffs en la guitarra del metal. Esto debería ayudarte a abordar tus canciones favoritas y a trabajar en cualquier desafío técnico que surja.

Mi objetivo al escribir este libro es ayudarte a desarrollar la creatividad y la comprensión musical para comenzar a componer música nueva. Quiero continuar ahora centrándome en el aspecto de la composición de la guitarra del metal.

Una vez que hayamos absorbido la información musical (como las escalas y la técnica), debemos aprender a aplicar ese conocimiento y formar un vocabulario musical. En esta sección del libro utilizaré las técnicas y escalas que ya hemos analizado, pero con énfasis en su uso creativo. Examinaré cómo se construyen comúnmente los riffs de metal y veré algunas ideas que puedes usar para escribir riffs que suenan auténticos por ti mismo.

La mayoría de los riffs de rock y metal se construyen a partir de una pequeña idea melódica que varía en las frases subsecuentes. El propósito de un riff es ser una idea instrumental memorable que le de impulso y energía a la canción. Los riffs pueden servir de base para las secciones vocales o para los solos instrumentales donde las ideas melódicas complejas serían abarrotadas y molestas.

Vamos a ver varias herramientas de composición que están a su disposición, como el punto de pedal, las secuencias y las signaturas de tiempo impares.

Riffs con punto de pedal

El punto del pedal es la técnica de alternar una nota constante con otras notas o con una melodía cambiante. El pedal también podría mantenerse como un zumbido mientras que otras notas se mueven contra él.

El término "punto de pedal" proviene de la música clásica, y es una referencia a la música de órgano donde las notas más bajas se tocan con los pedales en lugar del teclado. Es normal que la nota del pedal sea la nota de bajo en la textura, pero también es posible un pedal alto, esto se llama pedal "invertido".

Hay muchos motivos clásicos que en realidad suenan bastante a "metal", y el punto del pedal es definitivamente un factor común. Escucha los puntos del pedal en la introducción a *Verano - Presto* de Las cuatro estaciones de Vivaldi y la muy querida Toccata y Fuga en D menor de J.S. Bach (que sin duda influenciaron a los guitarristas de rock neoclásicos).

Los riffs de tono de pedal fueron particularmente populares entre las bandas de thrash metal de los 80s, y nuestro primer ejemplo ilustra claramente el concepto. En el ejemplo 6a, alternamos las notas de la escala A menor natural con la cuerda A al aire.

Ten cuidado de mantener las cuerdas no utilizadas en silencio durante todo el ejercicio apagando suavemente las cuerdas más altas con los dedos libres.

Intenta usar punteo hacia abajo todo el tiempo para obtener el mejor tono y ataque.

Ejemplo 6a:

La siguiente idea es similar, pero los tonos en movimiento son todos sincopados. Cambiar el énfasis rítmico puede marcar una gran diferencia en cómo se siente tocar un riff. Domina estos dos primeros ejemplos para que puedas colocar cómodamente las notas pulsadas sobre o fuera del tiempo.

Ejemplo 6b:

Estos riffs también son una excelente forma de aprender escalas a lo largo de cada cuerda mientras practicas control y resistencia. Intenta tocar diferentes escalas a lo largo de cada cuerda para crear riffs de punto de pedal.

En el ejemplo 6c, agregamos cuerdas al aire adicionales a la idea para que las notas pulsadas ocurran en una mezcla de tiempos normales y sincopados. Al crear patrones rítmicos menos predecibles para la melodía, puedes mantener el interés de los oyentes.

Ejemplo 6c:

Intenta crear tus propios riffs en este estilo variando los tonos y los ritmos.

Los ejemplos anteriores alternan entre una sola nota y el tono del pedal, pero ahora vamos a alternar *dos notas* con el tono del pedal. Presta atención al fraseo rítmico aquí; las dos notas pulsadas combinadas con una nota de pedal significa que el patrón se repite cada tres notas. Esto crea lo que se conoce como un *ritmo cruzado*.

Escucha el ejemplo de audio para ayudarte a sentir el ritmo correctamente.

Ejemplo 6d:

Si bien el *motivo* del ejemplo anterior era la parte móvil, el siguiente ejemplo utiliza un motivo de pedal que se alterna con una nota individual en movimiento. Este ejemplo es un gran ejercicio de cambio de cuerdas para desarrollar el punteo alternado, y te ayudará rápidamente a aumentar la precisión y el control.

Ejemplo 6e:

El punto del pedal en el ejemplo 6f se combina con el ritmo de galope inverso. Ten cuidado de sincronizar tus manos para asegurarte de que la melodía se escuche con claridad. Intenta mantener un pulso de corchea con golpes hacia abajo y usa punteo alternado para las semicorcheas. **Ejemplo 6f:**

La mayoría de los riffs de metal están en tonalidades de "cuerda al aire", como E y A, sin embargo, el siguiente ejemplo está en la tonalidad menos común de Eb menor.

La falta de cuerdas abiertas en esta tonalidad dificulta ejecutar el riff. Se necesita una digitación más compleja pero es un desafío que vale la pena, ya que te permite reorganizar canciones existentes y transponer ideas a diferentes tonalidades. Para ilustrar, el ejemplo 6g es, de hecho, el ejemplo 6a transpuesto de E menor a Eb menor.

Ejemplo 6g:

El siguiente ejemplo requiere punteo alternado relajado para tocar las semicorcheas rápidas. Mantener el arco del movimiento de la púa tan corto como sea posible ayudará a lograr la velocidad. Es común que este tipo de idea se toque al unísono con el patrón de doble bombo, por lo que debes ser rítmicamente preciso para permanecer ajustado en el tiempo correcto. La técnica de acentuación discutida en el capítulo tres dará sus frutos aquí.

Acentuar las notas pulsadas te ayudará a mantener el tiempo. Usar legato durante los dos últimos pulsos del compás dos varía el tono del riff y también le da a la mano que puntea un poco de descanso para reducir el riesgo de sufrir calambres.

Ejemplo 6h:

El ejemplo 6i es otro riff de death metal que usa un tono de pedal E al aire contra un motivo cromático corto. De nuevo, trata de acentuar el motivo con la mano que puntea una vez que hayas desarrollado el control suficiente para tocarlo con precisión. Acentuar ciertas notas da vida a los riffs al agregar una sensación de luz y sombra.

Ejemplo 6i:

Riffs que contienen punto de pedal:

Iron Maiden – *Wasted Years*

Ozzy Osbourne – *Crazy Train* (verso)

Metallica – *Damage Inc.* (bridge)

Yngwie Malmsteen – *Vengeance*

Dream Theater – *Panic Attack* (intro)

Muse – *Stockholm Syndrome*

Arch Enemy – *Nemesis*

Riffs secuenciados

La música de mayor impacto logra un equilibrio entre unidad y variedad. En otras palabras, debe ser capaz de mantener el interés de la audiencia al desarrollarse de una manera nueva, mientras se relaciona con lo que ya se ha escuchado. Las secuencias son una excelente forma de lograr este tipo de estructura y son una maniobra popular en todos los estilos de música.

La música barroca de clavicémbalo estaba llena de secuencias, y esto resultó ser una gran influencia en los solos de rock en los años 70s y 80s. Si esto te interesa, te puedo recomendar el trabajo de J.S. Bach y las sonatas de Scarlatti para mejorar tu comprensión de los patrones de escala.

El siguiente riff de rock simple utiliza la escala pentatónica de A menor. La sensación de tresillo se sincroniza con la secuencia descendente de tres notas. Si usas legato, ten cuidado de lograr que el tiempo sea tan preciso como si estuvieras punteando.

Ejemplo 7a:

Nuestro segundo ejemplo usa un patrón de tres notas en B menor natural, pero ahora el ejemplo se toca con una sensación directa. Esto significa que el inicio de cada grupo de tres cae en una parte diferente del pulso cada vez para crear un ritmo cruzado común.

Si te tomas un tiempo para interiorizar el ritmo, comenzarás a sentir los grupos de tres notas y el pulso de negra simultáneamente. Acentúa la primera nota de cada motivo de tres notas y lleva el ritmo con el pie con el pulso de negra.

Ejemplo 7b:

Ahora intenta mezclar fragmentos de esta secuencia de escala con unidades de punteo en una nota de pedal de cuerda al aire. Observa cómo el tiempo del riff se vuelve sincopado al variar la duración de cada patrón de secuencia. Toma tu tiempo para memorizar el ritmo con precisión antes de acelerar.

Ejemplo 7c:

En el ejemplo 7d, una idea de punto de pedal de dos compases se secuencia a través de varios intervalos de la escala de C# menor. Aunque los símbolos de acordes muestran power chords, las dobles cuerdas en el riff cambian para acomodar la tonalidad mayor o menor esperada de cada nota de pedal.

Normalmente se utilizaría un punteo hacia abajo consistente para tocar esta idea, pero es posible que quieras intentar usar el punteo híbrido. Puntear con los dedos las dobles cuerdas altas con los dedos medio y anular juntos les ayudará a sobresalir con más vibración y ataque.

Ejemplo 7d:

El ejemplo 7e es una frase larga en E frigio que se mueve a través de diferentes posiciones en el diapasón. La frase inicial está adaptada para ajustarse a las notas de la escala en cada forma.

Ejemplo 7e:

Esta idea podría tocarse moviéndose a través de las cuerdas en una posición, pero hay tres ventajas principales al desplazarla a lo largo del diapasón.

- Es más fácil de visualizar para la mano del diapasón

- La parte de punteo sigue siendo la misma en cada iteración de la secuencia

- El tono de las notas se mantiene más consistente

Siempre trata de tocar en las cuerdas más bajas de la guitarra cuando quieras un tono de rock grueso, ya que proporcionan más frecuencias graves y de rango medio.

Es posible crear variaciones rítmicas interesantes aplicando reglas matemáticas para el desarrollo de una idea musical. El ejemplo 7f contiene una idea característica de bandas de metal progresivo como Dream Theater y Spastic Ink.

Hay dos secuencias en funcionamiento en el siguiente ejemplo. En primer lugar, las notas melódicas se mueven hacia arriba a través de la escala E eólica con cada repetición de la frase. En segundo lugar, truncamos gradualmente nuestro patrón original de cuatro tiempos, por lo que las repeticiones se acortan en longitud.

En el tercer compás, las últimas cuatro notas del riff original se descartan. Dos compases más tarde, se eliminan las primeras cuatro notas del patrón, y de nuevo en el compás siete se omiten otras cuatro notas, dejando las últimas dos repeticiones conteniendo solo cuatro notas de las dieciséis originales. Cuenta con cuidado para evitar perderte.

Ejemplo 7f:

Este acortamiento gradual del patrón proporciona una sensación de aceleración, aunque el tempo no cambia. El efecto de esta idea musical en desarrollo es construir un fuerte clímax después de la tensión de las secuencias rítmicas y melódicas.

El siguiente ejemplo desarrolla la idea de secuencias rítmicas 'sustractivas'. Esta vez tenemos un patrón de escala que dura ocho semicorcheas. Cada vez que la frase se repite, quitamos una nota hasta que solo queda una. El proceso luego se invierte y agrega una nota a la vez para crear de nuevo el motivo original.

Para ayudar con el tiempo y el control, utiliza el punteo alternado pero ten en cuenta que la frase a veces comenzará con un golpe de púa hacia abajo y, a veces, con un golpe hacia arriba debido a la longitud de frase cambiante. Es bueno practicar frases que comiencen tanto con un movimiento ascendente como descendente para prepararte para estos tipos de riffs irregulares.

Ejemplo 7g:

La pieza *Coming Together* del compositor estadounidense contemporáneo Frederic Rzewski es un gran ejemplo de este tipo de escritura basada en patrones.

Riffs que contienen secuenciación:

Racer X – *Technical Difficulties*

Nevermore – *Born*

Lovefist – *Dangerous B*stard* (bridge riff)

Black Sabbath – *Symphony of the Universe*

Pantera – *Cowboys from Hell*

Dream Theater – *Fatal Tragedy* (estructura de solos de guitarra/teclados)

Angra – *Speed*

Signaturas de tiempo impares

Los últimos ejemplos profundizaron brevemente en el mundo de las signaturas de tiempo impares, pero hasta ahora casi todos los ejemplos del libro han estado escritos en 4/4. La gran mayoría de la música que has escuchado está escrita en 4/4, por eso suena tan natural. Sin embargo, dependiendo de tu herencia cultural, otras medidas como 5/4, 7/4 o 7/8 también pueden sentirse completamente naturales y fáciles de bailar.

Las signaturas de tiempo impares son particularmente comunes en la música tradicional de los Balcanes y del Norte de África.

Muchas bandas de metal, particularmente aquellas influenciadas por la música mundial o rock progresivo, han usado signaturas de tiempo impares en canciones enteras sin ningún efecto de desequilibrio (por ejemplo, *Jambi* de Tool o *Them Bones* de Alice in Chains), aunque las signaturas de tiempo impares crean una sensación de tensión musical.

Así como la armonía disonante crea una tensión que debe resolverse, el fraseo rítmico desigual también crea una "disonancia métrica" que se resuelve moviéndose a una signatura de tiempo par.

La clave para tocar en cualquier signatura de tiempo (y desarrollar un fuerte sentido del tiempo en general) es aprender a sentir el ritmo de la música instintivamente. Contar en voz alta es un buen comienzo, pero la repetición y la escuchar mucha música con diferentes métricas son fundamentales si quieres dominar el tiempo impar.

Recapitulemos cómo se pueden dividir los ritmos para ayudar a comprender cómo se frasean y sienten las signaturas de tiempo impares.

Como sabes, un compás de 4/4 se divide por partes iguales en cuatro negras. Cada negra se divide en dos corcheas y estas se pueden dividir en semicorcheas:

Una compás de 6/8 se divide en seis corcheas con los acentos en la primera y cuarta corchea. Aunque un compás de 6/8 tiene la misma longitud que un compás de 3/4, 6/8 se siente como dos grupos de tresillos mientras que 3/4 se siente como un solo grupo de tres más lento.

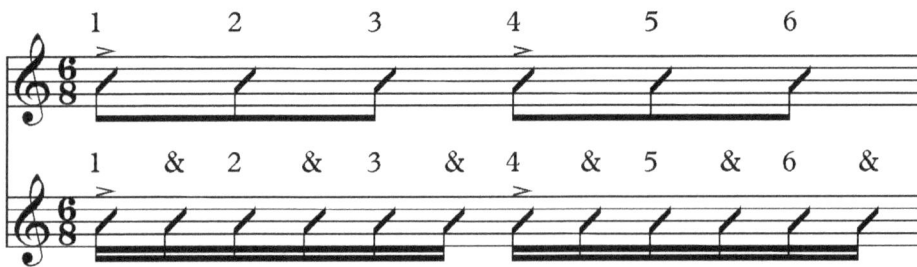

Aprender a sentir combinaciones de tiempos triples y pares abre un nuevo vocabulario rítmico. Este tipo de sensación es común en la música tradicional de varios países de los Balcanes, y en la obra de compositores clásicos del siglo XX como Bartok y Stravinsky, que se inspiraron en la música de otras culturas. De hecho, muchos músicos de metal citan a Stravinsky como inspiración, así que busca una grabación de su grandiosa obra maestra orquestal 'The Rite of Spring': ¡es metal puro!

Para comenzar nuestro estudio de las signaturas de tiempo impares, iniciaremos con 6/8. Aunque no es una signatura de tiempo 'impar', 6/8 es menos común que 4/4, y explorar sus posibilidades te ayudará a familiarizarte con otras métricas más complejas.

Zapatea con el pie en los tiempos uno y cuatro del compás. Escucha el clic en el audio para ayudarte a sentir el fraseo de tres notas.

Ejemplo 8a:

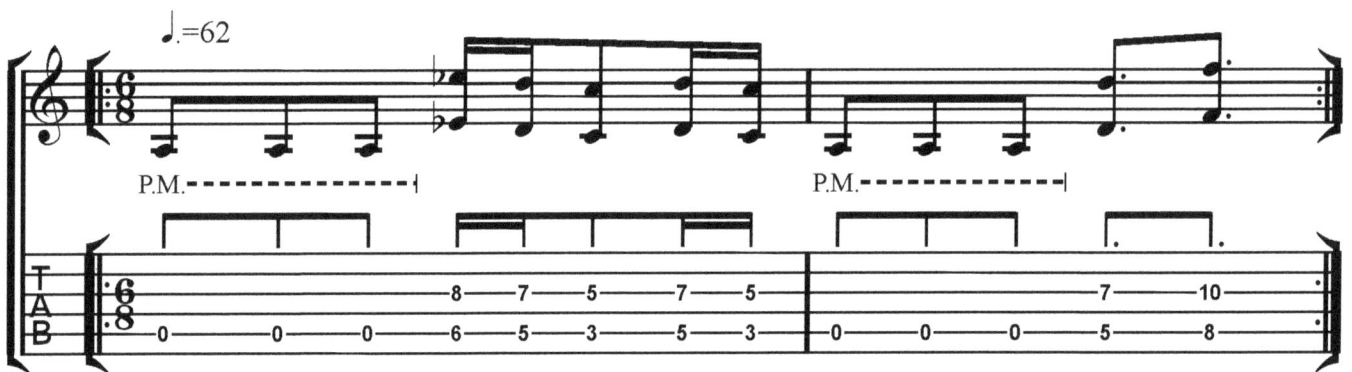

Si tienes dificultades, zapatea con el pie en los seis tiempos de corchea para ayudarte a interiorizar las subdivisiones y sentirte cómodo con el ritmo.

El siguiente ejemplo resalta la sutil diferencia entre 6/8 y 3/4. Un ejemplo clásico de este ritmo es *America*, de la *West Side Story* de Leonard Bernstein, de la cual hizo una versión el grupo de rock progresivo The Nice.

Mantener esas letras en mente te ayudará a conectarte con pulso cambiante de la música.

Ejemplo 8b:

El siguiente riff en 7/4 presenta varios power chords deslizantes. Muy a menudo hay diferentes formas de escribir una idea musical que cambia sutilmente la ubicación del énfasis rítmico. Este riff también podría haber sido escrito como compases alternos de 4/4 y 3/4.

Ejemplo 8c:

Signaturas de tiempo impares con corcheas

7/8 tiene la mitad de la longitud de 7/4 y se puede sentir como un compás de 4/4 que elimina la última corchea para dejar tres pulsos y medio por compás. El efecto es que ahora el pulso se siente apresurado cuando el tiempo uno llega antes de lo esperado y esta sensación de inestabilidad crea tensión rítmica.

Ejemplo 8d:

El 7/8 se puede escuchar en la introducción a *The Attitude Song* de Steve Vai.

La signatura de tiempo de 5/8 se puede sentir como un 6/8 que elimina la última corchea. Compara el ejemplo 8e con el ejemplo 8a y verás que el fraseo es similar.

Para sentir el 5/8, cuenta hasta cinco mientras acentúas los tiempos uno y cuatro. Cuando hayas empezado a interiorizar el sonido y la sensación del siguiente riff puedes dejar de contar y debería sentirse como un tiempo largo seguido de uno más corto.

Ejemplo 8e:

5/8 se puede escuchar en la sección intermedia de *Octavarium* de Dream Theater.

Combinar signaturas de tiempo

Así como variamos los motivos melódicos al transponerlos a diferentes tonalidades en el capítulo de secuenciación, también podemos variar las signaturas de tiempo de los riffs agregando o quitando notas.

En este ejemplo ambos compases son esencialmente iguales, pero se agrega una corchea al final del segundo compás.

Ejemplo 8f:

Un ejemplo similar de este proceso 'aditivo' se puede oír en la sección del puente de *Blood & Thunder* de Mastodon.

Otro ejemplo del mismo concepto comienza con un compás de 4/4, pero esta vez *quitamos* una corchea y creamos un compás de 7/8. El primer compás se repite y se contesta con un compás de 9/8 (esta vez *agregando* una corchea).

Ejemplo 8g:

Este tipo de variación métrica se puede oír en la introducción a la canción *Inferno* de Symphony X.

Las signaturas de tiempo impares pueden ser matemáticamente confusas, así que al escribir riffs a menudo es más creativo tocar la idea como la escuchas, y descifrar las signaturas de tiempo más tarde.

A continuación, combinamos la variación tonal y métrica. Esta es una idea común en el rock progresivo, metal y fusión. Trabaja cuidadosamente en cada compás y memorízalo de forma aislada. Puede ser fácil perderse, especialmente cuando se es nuevo en este tipo de ideas. Intenta aplaudir junto con el audio para interiorizar el pulso.

Ejemplo 8h:

Usa un punteo alternado consistente para tocar este ejemplo, pero ten en cuenta que algunos compases comenzarán con un punteo hacia arriba debido a la longitud impar de los compases. Acentúa el inicio de cada compás con un punteo más duro, incluso si es un punteo ascendente.

Signaturas de tiempo impares con semicorcheas

Mientras que 5/8 y 7/8 estuvieron basadas en divisiones de corchea, las siguientes signaturas de tiempo dividen el pulso en semicorcheas. Las signaturas de tiempo de semicorchea pueden parecer intimidantes en el papel, pero el principio de subdividir los tiempos sigue siendo el mismo.

El siguiente ejemplo está escrito en 11/16, que está formado por dos tiempos de negra y tres semicorcheas. Para seguir el audio, debes contar las semicorcheas. Contar en 11/16 puede ser difícil a velocidades más altas, pero la siguiente figura muestra cómo contar a través del compás.

Ejemplo 8i:

La siguiente idea está escrita en 15/16. Una buena forma de practicar estos riffs es reducir la velocidad y zapatear con el pie en pulsos de corchea para proporcionar más puntos de referencia.

Intenta dividir el compás de 15/16 en porciones más pequeñas para hacer las cosas más manejables. Por ejemplo, los primeros dos tiempos de negra se pueden practicar por separado de las siete semicorcheas restantes. (La sensación de siete debería ser familiar luego de los ejemplos en 7/8).

Practica el segundo compás de forma similar, y cuando todas las partes estén cómodamente bajo control, combina los dos compases para formar el riff completo.

Ejemplo 8j:

Estas signaturas de tiempo basadas en semicorcheas aparecen en la música de bandas como Planet X y Sikth y te pueden desorientar al principio, ¡pero por lo general ese el efecto musical deseado!

Las signaturas de tiempo impares podrían llenar un libro entero por sí mismas y las posibilidades de combinarlas y superponerlas son casi infinitas. Sin embargo, este capítulo debería haberte ayudado a comenzar a reconocerlos cuando escuchas música, y comprender cómo pueden desglosarse de manera lógica.

Canciones que tienen signaturas de tiempo impares:

Tool – *Vicarious* (5/4)

Metallica – *Blackened* (7/4, 3/4)

Dream Theater – *The Test That Stumped Them All* (7/8)

Mastodon – *The Wolf Is Loose* (7/8)

Machinehead – *Days Turn Blue to Grey* (7/8)

Cynic – *Textures* (9/8)

Pantera – *I'm Broken* (7/8)

Slipknot – *Welcome* (10/8)

Planet X – *Snuff (5/4, 7/8, 11/16)*

Gojira – *The Art of Dying* (21/16)

Capítulo 7: Afinación Drop D

Hasta ahora, todos los ejemplos se han tocado en la afinación 'estándar' EADGBE, sin embargo, es común que los guitarristas de metal utilicen otras afinaciones. Usar diferentes afinaciones ofrece nuevas posibilidades musicales y pueden ayudar a salir de los estancamientos creativos al obligarte a pensar en nuevos patrones y digitaciones.

La mayoría de las afinaciones alternativas en metal bajan el tono de las cuerdas para crear un sonido más pesado, pero también se pueden usar para transponer riffs de cuerdas abiertas a una tonalidad que sea más cómoda para el cantante.

A medida que se baja el tono de una cuerda, la cuerda se afloja debido a la falta de tensión, haciendo que puntear con precisión sea más difícil y posiblemente resultará en un ataque con poca definición. Si tienes la intención de utilizar una afinación más baja durante un período prolongado, utiliza cuerdas de mayor calibre. Muchos fabricantes de cuerdas producen productos diseñados para afinaciones bajas.

Las afinaciones alternativas son un tema muy amplio, y la gama de afinaciones disponibles podrían abarcar todo un libro. En este capítulo, veremos cómo los guitarristas de metal usan la afinación alternativa más común, *Drop D*.

La mayoría de las afinaciones alternativas en el metal son formas transpuestas de la afinación estándar o drop D. Esto significa que los intervalos entre las cuerdas se mantendrán iguales mientras la afinación de toda la guitarra se desplaza hacia abajo. Por este motivo, la mayoría de los intérpretes seguirán pensando en términos de afinación estándar, sin importar a qué tonalidad se hayan cambiado.

La Drop D fue especialmente popular entre los grupos de rock alternativo y nu-metal de los 90s y principios de 2000 para crear riffs gruesos basados en power chords.

La afinación Drop D baja la cuerda E grave por un tono completo a D, de modo que el intervalo entre las dos cuerdas más bajas sea de un quinto. Esto significa que los power chords se pueden tocar fácilmente simplemente con una cejilla sobre las tres cuerdas inferiores. Los riffs de power chords que de otra manera serían demasiado difíciles de tocar limpiamente ahora están al alcance. Dale un vistazo a la sección intermedia de *Surfacing* de Slipknot, donde se repite un riff rápido de nota cromática única tocada como power chords utilizando la afinación Drop D.

En el ejemplo 9a, toca los power chords utilizando el primer o el tercer dedo de la mano del diapasón como si tocaras una sola nota, pero aplanando el dedo hacia abajo sobre las tres cuerdas. Experimenta con el ángulo y la presión del dedo para que mantengas las cuerdas más altas en silencio al apagarlas con la parte inferior de los dedos.

Ejemplo 9a:

Tune bottom E string to D

Este tipo de riffs Drop D combinados con un ritmo de batería influenciado por la música disco ayudó a crear el sonido distintivo de Rammstein.

Tener la cuerda de E grave afinada un tono entero abajo cambia la forma en que sus notas se relacionan con las notas de otras cuerdas. En la afinación Drop D, la nota D de octava más alta ahora está ubicada en el quinto traste de la cuerda A, mientras que en la afinación estándar E, la octava E está ubicada en el séptimo traste. Los intérpretes de metal con afinación Drop D hacen un buen uso de este salto de octava, así que saber su ubicación es muy importante. Esta idea se muestra en el siguiente ejemplo.

Ejemplo 9b:

Tune bottom E string to D

El siguiente ejemplo usa la afinación Drop D para tocar en E menor. Este riff sería imposible en la afinación estándar debido al uso del b7 (D) abajo de la fundamental.

88

Ejemplo 9c:

♩=115

Tune bottom E string to D

En la afinación Drop D, tanto la sexta como la cuarta cuerdas están afinadas en la nota D, lo que nos permite jugar con ideas nuevas y e interesantes. Aquí hay un riff de punto de pedal en la cuarta cuerda, que se repite en la sexta cuerda.

Ten cuidado con el tiempo de 5/4 de este ejemplo. Escucha el audio para que tengas claro el ritmo en tu cabeza.

Ejemplo 9d:

♩=110

Tune bottom E string to D

La primera línea de este riff podría formar una buena introducción de una canción, comenzando con una sola guitarra tocando la línea en la cuerda D más alta antes de que toda la banda se una y el riff salte una octava a la cuerda baja. Gracias a la afinación Drop D, el riff puede bajar una octava fácilmente mientras que la digitación permanece igual.

Experimentar con otras afinaciones que alteran los intervalos de la afinación estándar puede producir ideas geniales e inesperadas. ¡Prueba desafinando una o dos cuerdas por un tono y tocando las formas de acordes normales para ver qué sucede! Deja que tu oído sea el juez que decida si te gustan los resultados. Siempre puedes averiguar los nombres de tus nuevos acordes o escalas más tarde.

El uso de guitarras de siete y ocho cuerdas es cada vez más común entre los guitarristas de metal técnico y progresivo, después de haber sido popularizado por primera vez por Steve Vai y por el nu-metal de KoRn en los 90s. Estos instrumentos permiten el acceso a tonos bajos sin sacrificar el rango normal de notas de la afinación estándar. También pueden crear interesantes oportunidades de acordes moviendo notas de bajo por el diapasón.

Bandas que usan afinaciones alternativas:

Rammstein – Drop D

Killswitch Engage – Drop C (CGCFAD)

Between the Buried and Me – C# estándar (C#F#BEG#C#)

Slipknot – Drop B (BF#BEG#C#)

KoRn – 7 string guitars, Drop A (ADGCFAD)

Black Label Society (BADGBE en *Low Down*)

Capítulo 8: Encontrar el sonido ideal

Después de examinar tantos elementos de la guitarra del metal, debemos hablar sobre cómo obtener el mejor sonido cuando tocamos. La amplia gama de guitarras, amplificadores, pedales y pastillas en el mercado puede hacer que encontrar el equipamiento correcto sea un proceso largo y potencialmente costoso. En este capítulo, analizaré los equipos y los efectos para ayudarte a tomar decisiones informadas cuando vayas a comprar.

También incluí algunos consejos para ayudarte a obtener el mejor tono cuando toques.

Los guitarristas a menudo se dan cuenta de que cuando tocan por primera vez con una banda después de practicar solos, su sonido no es el que les gustaría. A menudo, la guitarra parece demasiado silenciosa o demasiado débil y delgada. La causa más común de esto es poner demasiada distorsión y ajustes de ecualización destructivos, aunque a menudo se le echa la culpa al amplificador por ser demasiado pequeño o se concluye que se necesitan pedales diferentes.

Si bien un equipo de buena calidad ayuda a crear un sonido profesional, también es fácil crear un mal sonido en un amplificador de gama alta. Saber *cómo* configurar un amplificador es un factor importante. Lo más importante que debes entender es que un buen tono a bajo volumen en tu habitación sonará muy diferente en el escenario o en la sala de ensayos.

Afortunadamente, todos los amplificadores funcionan según los mismos principios, así que al aprender a usar las funciones en un amplificador sabrás qué esperar de los demás que encuentres en el futuro.

Ecualización (EQ)

La ecualización es la herramienta más importante para alterar el tono de tu guitarra, y todo, desde el control de tono de tu guitarra hasta tu pedal wah-wah, es una forma de ecualización porque todos filtran la frecuencia de la guitarra de alguna manera. Sin embargo, algunos de los cambios más importantes en el tono son creados por los controles de ecualización de tu amplificador.

Ya sea que tu amplificador tenga controles simples para graves, medios y agudos o un ecualizador gráfico multibanda completo, los controles de tono del amplificador separan el sonido de la guitarra en 'bandas' tonales separadas, lo que le permite alterar independientemente los volúmenes relativos de cada banda.

Un error de ecualización común es bajar el control de tono medio en el amplificador. Este sonido ha sido emulado con frecuencia desde que se escuchó en las primeras grabaciones de thrash. El problema es que, si bien este sonido sin tonos medios puede funcionar muy bien en tu habitación (o incluso en grabaciones donde la guitarra ha sido grabada por aparte), estas frecuencias medias forman el cuerpo principal del sonido de la guitarra. Quitar los medios puede hacer que la guitarra desaparezca por completo cuando se toca junto con el bajo y la batería. Este problema se ve agravado por los amplificadores para principiantes de bajo precio que tienen frecuencias medias menos pronunciadas.

Si no estás apareciendo en la mezcla, intenta aumentar las frecuencias medias de tu amplificador para crear un tono rítmico más prominente. Los guitarristas de rock a menudo usan un pedal ecualizador externo para aumentar aún más su rango de medios, lo que le ayuda a los solos a sobresalir en la mezcla.

¿Válvulas o transistores?

Los amplificadores de válvulas tradicionales usan tubos de vacío para amplificar la señal de tu guitarra. Por lo general, son más caros y considerablemente más pesados que los amplificadores de transistores. Los amplificadores de válvulas se caracterizan por tener frecuencias medias más cálidas y pronunciadas. El tono de un amplificador de válvula cambia a medida que aumenta su volumen porque las válvulas comprimen la señal de la guitarra para producir un tipo de distorsión conocido como *overdrive* cuando se trabajan más duro.

Aunque es muy deseable tener la distorsión rica que generan las válvulas, tener que encontrar configuraciones diferentes dependiendo del volumen puede ser irritante.

Por el contrario, los amplificadores de *transistores* por lo general son más baratos, más ligeros y más robustos que los amplificadores de válvulas, por lo que son más adecuados para el desgaste de las actuaciones en vivo.

Los canales de distorsión y overdrive en un amplificador de transistores pueden sonar más agresivos y más rígidos que en un amplificador de válvulas. Sin embargo, hay guitarristas que prefieren este sonido, sobre todo Dimebag Darrel en los años de Pantera.

Puede ser tentador comprar amplificadores grandes e impresionantes, especialmente si es el modelo que usa tu guitarrista favorito. Sin embargo, la naturaleza de la amplificación de válvulas normalmente significa que un amplificador grande usado a bajo volumen produce un tono menos deseable que un amplificador pequeño que está trabajando duro. ¡Se realista! Si estás tocando en tu habitación, ¿realmente necesitas un apilado de 100 vatios? Un amplificador de válvulas de 15 vatios puede manejar de sobra una presentación en un bar normal.

¿Amplificador vs. Modelado de rack/amplificador?

En los últimos años, la calidad del hardware de modelado de amplificadores multi-fx se ha desarrollado vertiginosamente. Ya sea a través del software en una computadora portátil, pedales o unidades de rack dedicadas, puedes replicar rápidamente el sonido de cualquier amplificador que quieras a una fracción del costo de adquirir el original. Esta es una opción tentadora, especialmente para guitarristas que quieren crear una amplia gama de tonos.

Los dispositivos de modelado a menudo funcionan en un sistema basado en *parches*, lo que significa que todos los parámetros de un sonido (tipo de amplificador, ajustes, booster, efectos, señal, etc.) pueden cambiarse simultáneamente con un solo botón, en lugar de tener que pasarse por toda una pedalera a mitad de la canción.

La desventaja de esta flexibilidad es que el sonido producido sigue siendo una emulación de equipo "real", y solo el mejor equipo de modelado de amplificación responde bien a los cambios dinámicos en tu interpretación. Si puedes obtener el rango de sonidos que necesitas solo con los canales del amplificador y una cantidad modesta de pedales, entonces podría ser mejor invertir en un amplificador de calidad en lugar de un amplificador de modelado o multi-fx.

Boost, distorsión y puertas de ruido

A diferencia de un pedal de distorsión que agrega una distorsión "artificial" a la guitarra, un pedal de boost simplemente hace que la señal de entrada al amplificador sea más fuerte para que los tubos del amplificador proporcionen más compresión y distorsión natural.

Muchos intérpretes usan el pedal booster junto con el overdrive de su amplificador para crear su tono de ritmo. Un pedal booster secundario se usa a menudo para elevar la señal y agregar ganancia cuando se toca un solo. El pedal booster más popular es el Ibanez Tubescreamer, cuyo nombre describe muy bien el propósito del pedal.

Cuando aumentes el nivel de ganancia de una señal, es probable que haya un aumento en el ruido electrónico creado a lo largo de la ruta de la señal, lo que provoca un zumbido en el amplificador. Este zumbido puede ser especialmente problemático cuando se toca fuerte en los conciertos o en los ensayos de la banda. Este zumbido se evita mediante el uso de una *puerta de ruido*.

Las puertas de ruido establecen un volumen de *umbral* para la señal. La puerta de ruido se cierra cuando la señal de entrada de la guitarra cae por debajo del umbral y detiene el paso de cualquier señal, incluido el zumbido de los pedales. Cuando comiences a tocar, la señal excederá el umbral establecido y la puerta se abrirá permitiendo que pase todo el sonido, sin embargo, ahora el zumbido se pierde bajo la señal de la guitarra.

El tono esta en los dedos

Los grandes guitarristas son tan identificables por su "sonido" como por las notas que tocan. Poseer todos los equipos de tu intérprete favorito no te hará sonar como ellos, ya que el tono se trata tanto del toque y la articulación como de la elección de la guitarra y el amplificador.

Tiene sentido desarrollar un gran toque en el instrumento antes de considerar cómo se procesará la señal con los efectos o el amplificador. La idea es desarrollar un tono fuerte, en lugar de tener que compensar las deficiencias en tu interpretación.

Practicar desconectado o a través de un amplificador limpio a menudo es muy revelador porque la distorsión puede enmascarar una gran cantidad de pecados. Experimenta variando el ángulo de la púa y en dónde haces contacto con las cuerdas para encontrar diferentes tonos. Puntear cerca del puente dará más agudos mientras que al tocar sobre el diapasón se acentuarán las frecuencias graves y de rango medio.

Se puede ajustar una guitarra eléctrica en el puente, las monturas y la barra de refuerzo para que la guitarra se sienta lo más cómoda posible. Una buena configuración a menudo puede transformar una guitarra barata en una muy fácil de tocar.

La distancia entre las cuerdas y el diapasón se conoce como la *acción* y la acción se ajusta principalmente en el puente de la guitarra. Una acción baja será más fácil de tocar ya que requiere menos energía y movimiento para pulsar las notas en el diapasón, pero a menudo genera una pérdida de tono.

Trata de mantener la acción lo más alta posible mientras sigas pudiendo ejecutar tus ideas perfectamente y sin tener que esforzarte demasiado. Desde los años 80s, la norma es que los guitarristas de metal toquen con acciones muy bajas (hasta el punto de que las cuerdas casi zumban contra los trastes), pero el tono de estos intérpretes a veces puede ser mediocre cuando se trata de sostener notas largas.

Cuerdas y plectros

Un pequeño cambio de cuerdas o de púas puede tener un efecto radical en el tono y en la sensación de tu guitarra. Las cuerdas más gruesas producen un tono más grueso porque hay más metal vibrando sobre las pastillas, y porque las cuerdas soportan una mayor tensión.

Lo malo con las cuerdas gruesas es que requieren más fuerza para hacer un bend, por lo que los bends más amplios pueden resultar difíciles. Como normalmente se espera que los guitarristas de rock toquen tanto el ritmo como las partes principales, quizás lo mejor sea probar con cuerdas calibre .10, ya que son solo un poco más gruesas de lo normal. Si tocas la guitarra rítmica exclusivamente, entonces podrías considerar algo más grueso para obtener un tono aún más relleno.

La alta tensión en las cuerdas puede ayudar a puntear con consistencia a velocidades más altas. Las cuerdas pesadas reaccionan más rápido a un golpe de púa mientras que las cuerdas finas vibran en un arco más ancho y producen un tono menos definido.

La misma lógica también se aplica a las púas: una púa más rígida no será doblada por la cuerda y producirá un ataque más rápido y consistente. Elegir una púa con una punta afilada (en lugar de redondeada) también puede ayudar a crear un ataque bien definido.

Muchos guitarristas de rock conocidos por su destreza en el uso de púas usan púas de al menos 2 mm de grosor, aunque siempre hay excepciones a la regla: ¡Yngwie Malmsteen usa cuerdas de calibre liviano con púas finas y evidentemente no tiene problemas con la velocidad o la consistencia!

Palabras finales

Uff, ¡allí lo tenemos! Eso concluye nuestro recorrido por la guitarra rítmica del metal. Aunque solo hemos arañado la superficie de un género musical bastamente diverso, he tratado de crear una guía que fomente el aprendizaje y la escucha. Con las habilidades adquiridas al estudiar estas páginas, ahora deberías ser capaz de aprender canciones por ti mismo y aplicar estas técnicas en diferentes situaciones.

Como consejo de despedida, diría que la clave para ser un músico competente es trabajar de manera uniforme en las habilidades que se combinan para convertirte en un intérprete completo.

La competencia técnica, la conciencia auditiva, la teoría y la interpretación con otros músicos deberían practicarse por igual porque cada elemento apoya el desarrollo de los demás. Hay muchos libros de transcripción de canciones disponibles, además de DVDs para "aprender a tocar" y lecciones de YouTube que te darán información. Sin embargo, la dependencia excesiva en estas fuentes puede causar que tus oídos permanezcan sin desarrollarse. Toma tu tiempo para transcribir canciones a oído también.

La transcripción de riffs de los discos conectará la colocación de notas en el diapasón con su sonido. El objetivo final es poder tocar algo tan pronto lo escuchas.

Una gran capacidad para interpretar música auditivamente aumentará tu placer como músico y como oyente. ¡La enseñanza de idiomas extranjeros nunca descuida la práctica de la escucha de la forma en que la enseñanza de la música a menudo lo hace!

Cuando escuches música, intenta enfocarte en las partes de la guitarra rítmica e identifica cómo se está tocando la parte. ¿Está silenciada? ¿Tiene un punteo rápido o hay hammer-ons y pull-offs?

El progreso con las habilidades auditivas es más difícil de medir que la velocidad del metrónomo o la información teórica, pero cada vez que escuchas música activamente, transcribes y cantas melodías, estás entrenando tus oídos. Cada experiencia se acumulará para convertirte en un músico más consciente auditivamente.

Gracias por leer este libro, espero que sea útil en tu viaje para convertirte en un gran guitarrista de metal.

¡Sigue rockeando!

Rob

Otros títulos de Fundamental Changes

Guitarra líder del Heavy Metal

Fluidez en el diapasón de la guitarra

Guía completa para tocar guitarra blues - Libro 1: Guitarra rítmica

Guía completa para tocar guitarra blues - Libro 2: Fraseo melódico

Guía completa para tocar guitarra blues - Libro 3: Más allá de las pentatónicas

Guía completa para tocar guitarra blues - Compilación

El sistema CAGED y 100 licks para guitarra blues

Cambios fundamentales en guitarra de jazz: El ii V I Mayor

Dominio del ii V menor para guitarra de jazz

Solos en tonos de acorde para guitarra jazz

Solos de jazz blues para guitarra

Escalas de guitarra en contexto

Acordes de guitarra en contexto

Los primeros 100 acordes para guitarra

Dominio de los acordes en guitarra jazz (Acordes de guitarra en contexto –Parte 2)

Técnica completa para guitarra moderna

Dominio de la guitarra funk

Teoría, técnica y escalas - Compilación completa para guitarra

Dominio de la lectura a primera vista para guitarra

El sistema CAGED y 100 licks para guitarra rock

Guía práctica de la teoría musical moderna para guitarristas

Lecciones de guitarra para principiantes: Guía esencial

Se social

Para obtener cientos de lecciones de guitarra gratis visita **www.fundamental-changes.com**

www.facebook.com/FundamentalChangesInGuitar

@RobThorpeMusic

@Guitar_Joseph

www.ingramcontent.com/pod-product-compliance
Lightning Source LLC
Chambersburg PA
CBHW081134090426
42737CB00018B/3336